浙江智库
ZHEJIANG
THINK TANK

国际政治经济学视域下的中东国家治理

GOVERNANCE OF MIDDLE EAST COUNTRIES FROM THE PERSPECTIVE OF INTERNATIONAL POLITICAL ECONOMY

李兴刚◎著

世界知识出版社

图书在版编目（CIP）数据

国际政治经济学视域下的中东国家治理 / 李兴刚著. --北京：世界知识出版社，2024.11
ISBN 978-7-5012-6645-6

Ⅰ. ①国… Ⅱ. ①李… Ⅲ. ①国家—行政管理—研究—中东 Ⅳ. ①D737.031

中国国家版本馆CIP数据核字（2023）第068059号

书　　名	**国际政治经济学视域下的中东国家治理** Guoji Zhengzhi Jingjixue Shiyuxia de Zhongdong Guojia Zhili
作　　者	李兴刚
责任编辑	罗庆行
责任出版	李　斌
责任校对	张　琨
出版发行	世界知识出版社
地址邮编	北京市东城区干面胡同51号（100010）
网　　址	www.ishizhi.cn
电　　话	010-65233645（市场部）
经　　销	新华书店
印　　刷	北京虎彩文化传播有限公司
开本印张	710mm × 1000mm　1/16　14¼印张
字　　数	233千字
版次印次	2024年11月第一版　2024年11月第一次印刷
标准书号	ISBN 978-7-5012-6645-6
定　　价	88.00元

本书为浙江外国语学院2022年度博达科研提升专项计划（第四期）高层次项目培育专项“中东国家新自由主义实践的经验教训”（项目编号：2022GCC2）的成果

本书获得浙江外国语学院国别和区域研究中心建设项目、浙江省“一带一路”研究智库培育单位项目资助

不忘初心　方得始终

李兴刚老师是浙江外国语学院环地中海研究院的学术骨干力量和行政干将。大约十年前我们在昆明的一次学术会议上相识，他“慕名而来”，专门赠我其2011年出版的大作《阿以冲突中的犹太定居点问题研究》。这真是戏剧般的见面，捧读这本书之后，我立马放弃了搁置已久的系列写作计划。2000年秋，我常驻巴勒斯坦期间，曾给新华社《参考资料》写过5篇长达数万字的巴以冲突问题系列报道，涉及耶路撒冷地位、定居点前途、难民回归、水资源争端和两国安全等问题，准备离任回国后拓展为5本专著，并为此收集了大量中英文资料。这几篇文章还被一些公开刊物转载过，也有人经常引用。然而，因为诸事繁忙，延宕已久，成为心事。所以，当看到兴刚“赶”在我前面出版了专著，我顿时感觉释然了，终于有人进行过深度挖掘并形成最终成果。功成不必在我，由此，我对兴刚这位兄弟格外看重。

也许是命运的安排，当我2019年5月底从北京外国语大学“转会”浙江外国语学院并谋划筹办环地中海研究院时，兴刚投了加盟简历，这不是“天涯何处不相逢”吗？通过正规人才引进手续、考核和面试程序，兴刚成为环地中海研究院的第一位研究员，堪称创院元老。加盟浙江外国语学院3年来，以科研为主接受考核的兴刚老师，又兼任院长助理并讲授部分课程，默默无闻地替我分担了很多琐碎甚至令人头疼的行政事务，但他始终没有放松对中东地区政治形势和热点问题的跟踪和研究，经常应约撰写文章，接受电视台、电台采访，宣传浙江外国语学院的品牌，积极为社会公众服务。

兴刚如此辛苦，从不抱怨，以至于我经常“揶揄”他说，“你的优点是老实，缺点是太老实”，而实在老实的兴刚每次只回应以老实憨厚的一笑。兴刚的老实还体现在对学术的热爱和执着上，无论多么忙累，他从来没有在专业研究方面有任何懈怠，延续着20多年的学术热情和研究韧劲，特别重视中东地区区域和国别问题研究，并形成了较好的学术积累。兴刚老师不仅主持完成了多项国家社会科学基金项目和省部级科研项目，而且已经出版两部学术专著，公开发表60余篇学术论文和评论。加入浙江外国语学院后，兴刚独立撰写或参与撰写的部分专报获得国家相关部门的采用，也帮助浙江外国语学院和环地中海研究院在咨政服务方面的异军突起发挥了重要的作用。尤其值得称道的是，兴刚协助我组织并主要承担了4季120期的环地中海研究云端大讲堂的实际执行工作，我对此感激不尽。

回到本文的中心议题，谈谈兴刚的学术和他的最新成果。近年来，兴刚的学术研究旨趣开始聚焦于中东国家治理问题。经过数年持续不断的探索和努力，专著《国际政治经济学视域下的中东国家治理》得以完成。在书稿付梓出版之际，他诚请我为之作序，我遂欣然应允。

十余年前，遍及西亚北非地区的、导致相关国家出现政权更迭的区域性社会动荡，曾引发全球学者的高度关注，海内外学界均已从不同的视角对之进行了全方位的系统探讨和分析，研究成果亦可谓汗牛充栋。中国学界最早出版的相关作品，是我在运营博联社时主编并由新华出版社于2012年1月出版的论文集《阿拉伯剧变——西亚、北非大动荡深层观察》。由于一些原因，这部著作居然成为当年乃至此后几年的唯一同类作品，直到这波区域性社会动荡结束三五年后才陆续有同类作品问世。尽管从2011年至2023年的12年间，中国学界出版的中东地区专著（论文集）有30多部，但关于中东地区治理的专著占比相当低，而关于这波区域性社会动荡的理论研究专著更是凤毛麟角，而且挖掘拓展不足。因此，继续研究这个具有多重观察意义和参考价值的政治或国际治理问题，不仅毫无“炒冷饭”之嫌，反而弥足珍贵。

距离产生美，当事者迷而旁观者清。在上述区域性社会动荡尚未完全结束时，对其本源进行探究，不但无过时之虞，反而更容易接近真相。研究国际问题，固然需要我们密切跟踪当下的热点问题，这对于我们把握当下、审视未来颇为必要，但这并不意味着对曾经的热点问题持续关注、追根溯源就失去了价值和意义。恰恰相反，这正切中学术研究的本质。许多国际热点问题发生后，在历经一个长时段的沉淀之后，再去观察和分析，可能更易趋近其本质。

所以，《国际政治经济学视域下的中东国家治理》一书的出版不仅不过时，其意义和价值反倒值得肯定和期待。

这本专著不仅有突出的学术性、理论性和思辨性，而且具有简繁得当、准确清晰的纪实性和可读性，堪称望远镜、显微镜和多棱镜的综合使用。它是一本由表及里、由浅入深、由现象到本质、由具象到抽象、由现实政治考察到规律性探究的时政专著，具有较高的理论和学术水平。

学术研究应该秉持仁者见仁、智者见智的原则，鼓励不同视角的观察分析和思考，真理越辩越明，问题不断探究，才更可能趋近其本质。由此，我向兴刚表示真诚的祝贺和由衷的敬意。

马晓霖

2024年6月29日

目 录

第一章　中东国家的社会动荡状况

一、突尼斯的社会动荡与政权更迭

（一）出人意料的动荡导火索

2010年12月17日，在突尼斯中北部地区的小城西迪布济德，一位年轻人穆罕默德·布瓦吉吉，为了抗议负责城市管理的警察没收其沿街兜售的水果蔬菜而自焚身亡。毫无疑问，其时，无论是国际上专注于中东问题，尤其是突尼斯问题的专家、学者，抑或整个突尼斯的官僚体系，鲜有人会料到这个自焚事件会引燃遍及整个中东地区的新一波暴力抗议浪潮。当然，更让人意想不到的是，这波抗议浪潮竟然首先爆发于突尼斯，并将直到倒台前夕依然相信自己的统治稳如泰山的本·阿里、穆巴拉克、萨利赫等阿拉伯国家的统治者赶下台。其原因何在？

在上述这些学者看来，突尼斯不可能成为中东地区社会动荡的首要爆发地。[①] 其时，突尼斯的政治经济状况亦支持着他们的上述认知和判断。从政治上看，突尼斯的确显现了较高程度的稳定性，尽管这种稳定性源于本·阿里政权的某种高压政策。[②] 从经济上看，突

① K. M. Pollack (ed.), *The Arab Awakening: America and the Transformation of the Middle East* (Washington, DC: Brookings Institution, 2011), p. 111.

② B. Hibou, *The Force of Obedience: The Political Economy of Repression in Tunisia* (Cambridge: Polity Press, 2011), p. 15.

尼斯亦得到了国际社会中相关国际组织的一系列赞誉，堪称地区发展的“样板”。直到动荡发生之前，突尼斯一直被视为中东地区国家发展的成功故事和典型。时任国际货币基金组织总裁多米尼克·斯特劳斯·卡恩，在2008年曾赞扬突尼斯经济是“新兴发展中国家和地区的榜样”。此外，就监管改革而言，世界银行亦将突尼斯评为“最佳改革者”。[①] 然而，正是在国际货币基金组织和世界银行监管下的突尼斯经济私有化、自由化重组与改革进程，在某种意义上为突尼斯后来的社会动荡以及政权更迭埋下了无法逾越的陷阱。

（二）谣言在社会动荡中的推波助澜

2010年12月18日，亦即布瓦吉吉自焚事件发生后的第二天，一群商贩、无业青年、劳工活动分子、律师，甚至还有一些反政府的政客开始在当地的市政大楼前举行集会和抗议活动。有突尼斯人开始录制有关游行示威的实况视频，并通过脸书（Facebook）公之于众。而卡塔尔半岛电视台在获得这些视频资料后，又通过电视在突尼斯进行公开播放。尽管突尼斯政府为了阻止相关信息的进一步传播和扩散随后切断了互联网，但该国的抗议活动并未就此偃旗息鼓，事态亦未就此缓和。动荡消息的传播和扩散路径并没有被彻底阻断，参加抗议活动的示威者转而直接利用手机将视频和图像发送给电视台。这一切无疑导致了事态的进一步恶化。

大约3个星期之后，一群处于失业状态的大学毕业生和在校生在塔莱镇附近与警方发生了直接冲突，结果有5人被警察开枪打死。对原本形势就已经非常危急的突尼斯而言，这一惨剧无异于火上浇

① K. M. Pollack (ed.), *The Arab Awakening: America and the Transformation of the Middle East*, p. 111.

油，使得突尼斯的社会动荡状况进一步复杂和恶化。

虽然没有料到结果会如此，但人们一般还是认为，正是这位年仅26岁的突尼斯小商贩布瓦吉吉的屈辱与自焚引燃了突尼斯国内的动荡，进而演变为波及整个中东地区的社会动荡浪潮，并最终导致一些国家出现政权更迭。这一论断的存在是基于当时突尼斯社会的两个传言。其一，在市场里没收布瓦吉吉的贩卖工具和待售商品的女警官，在众目睽睽之下还掌掴了他。毫无疑问，在任何一种文化环境当中，被人当众掌掴都是颇失尊严的事情，男人被女性当众掌掴更甚。而在阿拉伯伊斯兰社会文化环境中，这一遭遇可谓奇耻大辱。问题的关键在于，可能确有上述提及的不当行为的这名女警官，并未因此而受到任何指控。其二，布瓦吉吉是一名大学毕业生。事实上，布瓦吉吉并非大学毕业生，其尚未高中毕业。

无论上述传言是否属实，但对许多突尼斯人而言，他们更愿意相信其真实性。为何如此？在当时的突尼斯，权力寻租和腐败以及对自己同胞滥用权力的现象可谓比比皆是。而对受教育的突尼斯青年人而言，他们则普遍感到经济机会的匮乏。这一点在布瓦吉吉的家乡西迪布济德表现得尤其明显，当地的失业率高达30%。从2010年12月17日发生布瓦吉吉自焚事件，到2011年1月14日突尼斯总统本·阿里被迫离职，逃往沙特阿拉伯，突尼斯社会动荡事态的发展与演进呈现线性特征。

（三）本·阿里政府的应对与倒台

在突尼斯社会动荡的最初阶段，本·阿里政府采取的应对之道是“胡萝卜加大棒”的双管齐下策略，试图息事宁人以渡过难关。本·阿里政府首先推出的“胡萝卜”政策是，向突尼斯示威者承诺，新增5万个就业机会。然而，突尼斯政府此举并不能解决全部问题，更无法从根本上解决问题。之所以有如此结论，原因在于，突尼斯政府承诺的5万个就业机会只能让该国三分之一的大学毕业生有机会获得就业岗位，而剩余的三分之二势必依然处于失业状态。

这一情况意味着本·阿里政府最初的怀柔之举并非有效应对该国问题的良策，本·阿里政府继续其怀柔之策，试图通过不断推出新的改良举措来缓解社会压力。于是，本·阿里政府的新一轮怀柔政策正式出炉：公开承诺举行突尼斯议会选举，结束突尼斯政府对互联网的审查和监控，严格遵守和保持宪法规定的总统参选人最高年龄为75岁这一上限。需要特别指出的是，有关总统参选人年龄限制政策的实施意味着彻底终结了本·阿里本人再次寻求竞选连任的任何可能。

紧接着，本·阿里政府推出了第三轮怀柔政策：提议突尼斯政府与该国的反对派团体举行“全国和解对话”，就突尼斯的未来进行探讨。颇为有趣亦值得一提的是，后来相继发生社会动荡的埃及、也门、巴林等国的领导人也均有类似举措，然而大多亦未奏效，只有巴林在外部势力支持下才使得政权的稳定得以继续。

在不断推出怀柔政策的同时，本·阿里政府亦同时祭出政策大棒，具体有三项。首先，警告反对派抗议者，抗议活动会吓跑外国投资者和游客，伤害突尼斯社会经济的健康发展与良性运行。事后看来，突尼斯政府当时的警告并非捕风捉影，实际情况的确如此。其次，采取措施防止学生举行聚会和抗议活动。最后，在事态仍然无法趋缓时，派出安全部队和军队对抗议活动予以弹压。这里特别值得一提的是，本·阿里政府初期对待抗议活动的强硬态度和政策举措得到在北非拥有重要利益的西方大国法国政府的“背书”。这里略举一例。针对当时突尼斯社会爆发的反政府抗议活动，法国时任外长米谢勒·阿里奥–玛丽就曾明确提议帮助本·阿里政权对该国抗议活动实施镇压。[①]

随着动荡形势的发展，此前一直聚焦经济议题的突尼斯社会抗议活动开始出现决定性的转向，即从关注经济窘境开始转向要求满足政治诉求。突尼斯西部城镇卡塞林的21名抗议者被打死之后，突尼斯的国内动荡事态进一步升级，抗议者的政治诉求也随之加码，要求本·阿里为此次惨剧承担责任，立即下台和离境。

至此，突尼斯国内的社会动荡局势出现戏剧性变化。借助手机短信和半岛电视台等媒体的传播，突尼斯的社会动荡迅速扩散至全境。2011年1月13日，突尼斯军方高层要求军队解除戒备。突尼斯军方的这一立场等同于宣告了本·阿里政权事实上的垮台。次日，执掌突尼斯长达23年之久的本·阿里乘飞机离开了突尼斯。在阿拉伯世界近现代史上，民众的抗议活动迫使本国统治者下台现象，这还是第一次出现。[②]

二、埃及的社会动荡与政权更迭

作为均位于北非地区的两个阿拉伯国家，埃及和突尼斯尽管在国土面积和人口总量上不能相提并论，但在政治、经济和文化方面依然有诸多相似之处。例如，两国的政治治理模式相似，而两国的社会经济亦都面临着发展窘境。

突尼斯国内的动荡以及民众的抗议给许多心存不满的埃及人留下了颇为深刻的印象，从而鼓舞他们走上街头进行反抗活动。一个

---

① C. Çakmak and A. O. Özçelik (eds.), *The World Community and the Arab Spring* (London: Palgrave Macmillan, 2019), p. 216.

② James L. Gelvin, *The Arab Uprisings: What Everyone Needs to Know* (Oxford: Oxford University Press, 2015), p. 48.

最为明显的例证是，有十多名埃及人亦像突尼斯小商贩布瓦吉吉那样以自焚的方式表达自己的愤怒和抗议。当然，突尼斯的社会动荡对埃及民众最直观的冲击和影响是，对社会心怀不满的民众意识到：其一，基础广泛、规模可观的民众运动不仅有着巨大的能量，而且行之有效；其二，他们也可以复制突尼斯的抗议模式。

（一）埃及社会动荡的导火索

2011年1月18日，亦即埃及出现大规模抗议活动的前夕，埃及“四月六日青年运动”组织创始人之一阿斯玛·马夫兹在社交软件脸书账号上发布了一段自己制作的视频。在该视频中，她对埃及社会大众反激道：“我，一个女孩，将前往解放广场，我会独自坚守……我会撑起一面旗帜，也许其他人会表现出一定的荣誉。”她还在脸书上展示“我们都是哈立德·赛义德”的文字。马夫兹此举无疑是向埃及社会大众吹响了进行大规模抗议活动的号角。而脸书在此过程中事实上发挥了推波助澜的作用。顺便提及一下，马夫兹提及的哈立德·赛义德是一位28岁的商人，拥有一家进出口公司，公司位于埃及亚历山大港市。据说，他拍摄了两名埃及警察私分罚金和毒品的影像资料，并将其在互联网上公之于众。当然，赛义德亦为此付出了惨重的代价。他被警察殴打致死。赛义德的悲惨结局被公开后，其支持者获得并在互联网上发布了其被殴打致死时的脸部照片，这进一步激化了民众愤怒的情绪。到埃及动荡发生时，该页面已经有47.3万人次的访问量。许多埃及民众也正是从中了解到抗议活动的相关信息。

最终，在2011年1月25日，埃及境内外的几个抗议组织通过互联网以及其他新媒体公开呼吁埃及民众走上街头，举行抗议活动。在这些抗议组织中，最著名的当属一群年轻的政治活跃分子组成的

“四月六日青年运动”组织。需要指出的是，该组织出现于全球金融危机给埃及社会经济造成巨大困境而穆巴拉克政府对之束手无策的2008年，从事反政府活动至埃及社会动荡爆发时已有3年之久。

值得一提的是，2011年1月25日是埃及抗议活动的组织者精心挑选的日子。这一天是埃及政府宣布的国家警察日。埃及抗议活动的组织者之所以选择在这一天发动民众举行大规模抗议活动，显然是为了表达对埃及政府和埃及警察系统的鄙视和不满。

因为抗议活动的前景尚不明朗，加之考虑到埃及历史上的经验和教训，埃及社会中真正有影响力的一些政治团体，比如穆斯林兄弟会，对这些抗议活动采取了组织层面中立而允许个体私下参与的应对策略。

在开罗，尽管警察拦截下了大部分前往预定的抗议中心解放广场的抗议者，但过于分散的警察力量事实上无法阻止已经聚集于工人社区的一波抗议者。当这些抗议者到达解放广场时，随着沿途民众的纷纷加入，队伍已经增至数千人。不仅如此，此前已经到达解放广场的抗议者亦纷纷加入其中，使得抗议人数达到1万人的规模。借用突尼斯社会动荡时抗议民众的口号，解放广场的抗议人群高呼“民众希望政权垮台”。到傍晚时分，随着警方进场，局势发生变化。在与抗议者发生小规模冲突之后，警察发射了催泪瓦斯，借之从广场清除了大部分抗议者。

（二）埃及各地的社会动荡情形

因为大多数驻埃及的海外媒体以及埃及本土媒体均将总部设在开罗，所以媒体对埃及局势的报道多聚焦于首都开罗地区。尽管在埃及的社会动荡过程中，其他地区也发生了一系列抗议活动，但这些抗议活动通常并未获得媒体的足够重视和关注，相关抗议活动情况大多被放在报纸等平面媒体上进行报道，甚至被媒体完全忽略。如此状况实际上影响了人们对埃及的社会动荡是如何发展的这一问题的分析和研判。事实上，2011年1月25日当天，在埃及的27个省中有12个省发生了抗议活动，而且主要集中在大中城市。在首都开罗的解放广场聚集的抗议者有4.5万人，在亚历山大举行抗议活动的有2万人，在大迈哈莱市亦有3000人聚集抗议，在伊斯梅利亚有2000人抗议，在阿斯旺城有200人抗议。[①] 在苏伊士和亚历山大等城市，抗议活动更加猛烈。在南部城市艾斯尤特，防暴警察用警棍殴打了抗议者。西奈半岛沙漠中的贝都因人在整个动荡过程中与警方持续发生交火。

值得一提的是，埃及各地参加抗议活动的民众的构成也呈现出多元化特征，他们之中有年轻人，也有操一口流利英语的专业人士。在亚历山大港市，一些最贫困的社区居民参加到抗议活动中。在埃及北部纺织业重镇大迈哈莱市，则是工人主导着抗议活动。

在抗议活动过程中，“要求穆巴拉克辞职”这一呼声在埃及民众中间获得广泛共鸣。有鉴于此，抗议活动的组织者决定趁热打铁，呼吁3天后举行新一轮的抗议活动。于是，2011年1月28日，在首都开罗，抗议人群再一次聚集到解放广场。由于防暴警察向抗议者发射了催泪瓦斯，并且使用警棍殴打抗议者，整个事态出现升级。当日晚些时候，在动荡局势开始向有利于抗议者一方转变时，据称穆巴拉克命令他的内政部长授权警方使用实弹进行镇压。在被拒绝执行上述命令时，穆巴拉克转而开始部署军队。穆巴拉克此举无异于火上浇油，使得局势完全恶化，将民众的愤怒推至无以复加，当

① 马晓霖主编《阿拉伯剧变：西亚、北非大动荡深层观察》，新华出版社，2012，第11页。

然亦无法控制的境地。在军队抵达前，埃及内政部长下令警方撤离开罗的大街小巷，此举使抗议者在控制埃及动荡中具有象征意义的解放广场上获得了有利时机。

一部分抗议民众保持对解放广场的控制，其余抗议者开始在整个开罗城煽动抗议，攻击和焚烧内政部大楼、国营电视台、执政的国家民主党总部和警察局。在苏伊士和其他重要城市，也发生了类似的破坏活动。在亚历山大，抗议者从街头驱赶警察并一度控制整个城市，军队到来后才恢复了政府对该地的控制。

（三）穆巴拉克政权的倒台

从某种程度上讲，2011年1月28日的动荡事件可以看作穆巴拉克政权倒台的开始。在副总统宣布穆巴拉克辞职时，穆巴拉克仍然发誓要留在总统办公室，并且试图驱散解放广场的抗议者。

然而，军队在控制开罗街头局势后很快就宣布，其不会向抗议者开火。埃及军方的态度使得穆巴拉克政权失去了必不可少的镇压工具，在客观上使整个局势的发展开始有利于抗议者。

1月30日后，数以万计的埃及工人开始罢工，要求增加工资和穆巴拉克辞职。在僵持十余天后，2月11日，穆巴拉克新任命的副总统奥马尔·苏莱曼通过埃及电视台宣读了如下声明："考虑到国家现在面临的困难情形，总统穆罕默德·穆巴拉克已经决定离开共和国总统岗位，并已责成武装部队最高委员会管理国家事务。"①

---

① James L. Gelvin, *The Arab Uprisings: What Everyone Needs to Know*, p. 54.

三、也门的社会动荡与政权更迭

突尼斯和埃及的社会动荡外溢至阿拉伯世界的另一个角落，即世界上最不发达的国家之一也门。2011年1月底，亦即埃及的穆巴拉克政权垮台之后，也门立即爆发了大规模的反政府抗议活动。

（一）也门社会动荡的另类图景

在也门的社会动荡过程中，反政府抗议活动呈现如下两个方面的特征：一方面，自1978年以来一直执掌也门大权的总统萨利赫黯然倒台；另一方面，反萨利赫的政党政治力量从一开始就涉入也门的抗议活动，而且发挥着主导作用。其时，反对党联盟开始在也门首都萨那举行一系列抗议活动，这些活动的内容和目的有两点。其一，抗议也门议会通过的旨在取消先前法律中对总统任期进行限制的条款。因为也门议会的这一行为无疑为萨利赫继续担任也门总统清除了法律上的障碍。其二，抗议也门议会通过的提议萨利赫总统的儿子继任也门总统的法案。因为这一法案的通过则意味着萨利赫家族可以无限期地把持也门总统这一职位。也门反对派选择粉色来象征和指代这场反萨利赫运动，因而得名“粉色革命”。从实质上讲，也门的“粉色革命”是由萨利赫政府的“出局”者领导的一场希冀“入局”的运动。他们的议程很简单，就是如同突尼斯刚刚放逐本·阿里那样，实现也门的政权更迭意愿。

（二）萨利赫的让步与动荡局势发展

到了2011年2月初，面对也门国内不断升级的紧张局势，萨利赫总统作出了一系列让步，其中关键举措有两条。第一，答应也门

“粉色革命”力量（亦即也门反政府力量）的政治要求，并宣布愿意恢复几个月前已陷入停滞状态的、与反对派之间的和解对话。第二，正式承诺，也门政府将出资设立“大学生就业与薪酬保障基金”，以向也门的大学毕业生提供新的就业岗位以及增加他们的薪金。萨利赫总统的上述让步之举看似有可能让也门的紧张局势在刚刚开始时就偃旗息鼓。

然而，2月11日埃及总统穆巴拉克的辞职再次刺激了也门反政府力量。也门的动荡局势因之又发生新的变化，也门的共同会晤政党联盟与也门年轻人在动荡中的角色开始逐渐发生转换。当天晚上，以也门青年学生为主体的抗议人群聚集在萨那大学外，随后一路游行到首都萨那的主广场，并效仿埃及抗议者，将主广场改名为“解放广场”，要求萨利赫总统立即辞职。由于力量对比悬殊，抗议人群很快就被也门安全部队和“亲萨利赫政府力量”赶出了萨那主广场，因而失去了对广场的控制权。此情之下，这些抗议者只好返回萨那大学校外广场上安营扎寨，并将其改名为“改变广场”，继续其抗议活动。这样，“改变广场”逐渐成为也门反政府抗议活动的中心。

尽管国际社会对也门动荡局势的关注点主要集中在该国首都萨那，但也门其他地方也有抗议活动发生。例如，也门南部重要城市塔伊兹市的大学生和工人在2月11日举行了抗议活动。而且，在短短几天之内，塔伊兹市参加抗议活动的人数就超过了首都萨那。也门南部港口城市亚丁亦有抗议活动发生。这里值得一提的是，亚丁的抗议者不仅要求萨利赫立即下台离境，更有甚者，还主张恢复南也门的独立地位。特别需要说明的是，在也门其他地方，至少在最初阶段，抗议活动的暴力程度甚至超过首都萨那。

（三）冲突的加剧与内战的开启

也门的社会、历史、文化、部族和宗教背景十分复杂，也门政权的稳定以及赖以存在的基础在于有影响力的各个部落、政治和军事领导人之间形成权力均势格局。也门社会中存在的这种部落和教派分野，为萨利赫的政治操控提供了有利的条件和机会。凡此种种无疑延长了也门动荡的持续时间，也使得也门的内部纷争最终滑向了长期内战的悲惨境地。

也门国家机构长期脆弱，国内存在多重武装力量，敌对派系之间的武装冲突成了家常便饭，萨利赫总统亦拒绝下台。也门境内这种持续的不确定性被“基地”组织利用，该组织招募了数百名抗议者加入其队伍。随着反政府抗议活动的支持基础和参与范围的日益扩大，也门局势也在逐渐向有利于反对派的方向发展。

为了镇压抗议活动，也门政府诉诸暴力的行动不断升级。在此情形下，一些部族领导人先前的亲萨利赫政府立场开始出现逆转，倾向于支持抗议活动。

2011年3月底，也门首都萨那的控制权已经一分为二，由忠于萨利赫政权的武装力量及其支持者与反对萨利赫政权的武装力量及其支持者分别把持。2011年6月，也门总统府遭火箭弹袭击，萨利赫受伤，不得不前往邻国沙特阿拉伯就医，暂时将权力移交给其副手阿卜杜·拉布·曼苏尔·哈迪。在美国、海湾合作委员会和联合国的斡旋下，也门冲突各方达成核心内容包括以下三点的协议：其一，萨利赫辞去也门总统职位并被赦免；其二，副总统阿卜杜·拉布·曼苏尔·哈迪担任看守政府总统；其三，举行有广泛代表性的全国和解对话。至此，也门的未来被置于全国对话会议手中。然而，脆弱的均势格局一旦被打破，也门就会立即陷入分裂的危局之中。

2014年9月，胡塞武装组织攻入首都萨那，并巩固了在首都的存在。2015年3月26日，以沙特为首，埃及、摩洛哥、约旦、苏丹、科威特、阿联酋、卡塔尔等10国参与其中的多国联军，开启了对驻守在也门首都萨那的以胡塞武装组织为代表的也门什叶派武装发起代号为“果断风暴”的空袭行动。至此，也门陷入长期战乱之中。

尽管在联合国的斡旋下，也门政府和胡塞武装组织在2018年12月就荷台达战斗停火、战俘交换等重要议题达成一致，但不久后双方就互相指责对方破坏停火协议。

随着也门内战的持续，该国也面临着日趋严重的人道主义灾难。2019年11月底，世界卫生组织发布报告称，也门经济崩溃、卫生基础设施全面恶化，人道主义危机越来越严重。数据显示，到2019年底，也门有1970万人需要医疗服务，近2000万人的粮食需求得不到保障，超过25万人严重营养不良，1780万人缺乏安全饮用水和卫生设施。此外，从2016年10月到2020年7月，也门境内共发现疑似霍乱病例200多万，约4000人死亡。而持续近6年的也门境内军事冲突，已经导致超过400万人流离失所，约10万人在冲突中丧生。如今也门是世界上最贫穷的国家之一，数百万人无法获得充足的食物、燃料和药品，1200万人面临严重饥荒威胁，2400万人（也门80%的人口）需要各类人道主义援助。加上新冠疫情的影响，也门国内人道主义危机持续恶化。① 联合国人道主义事务协调厅估计，2021年也门将需要超过33亿美元的援助资金。②

---

① 《也门人道主义危机持续恶化》,《人民日报》2020年7月16日，第17版。

② 《也门紧张局势再度升级》,《人民日报》2021年3月17日，第16版。

四、利比亚的社会动荡与政权更迭

突尼斯和埃及两国接踵而至的反政府游行示威和抗议活动很快就外溢至位居两国之间的另一个北非阿拉伯国家利比亚。

（一）利比亚的社会动荡与卡扎菲的强势应对

在北非动荡的大背景下，2011年2月16日，利比亚亦正式开启了反抗卡扎菲政权的社会动荡。利比亚社会动荡的导火索是卡扎菲政权逮捕了阿布·萨利姆监狱“消失”的犯人的家属所聘请的人权律师法蒂·泰尔比勒。此情之下，数百名“犯人”的家属以及他们的支持者聚集在班加西地方革命委员会总部外进行抗议。在此过程中，这些家属及其支持者一度与利比亚安全部队发生冲突。以此为契机，利比亚境内外的一些反卡扎菲政权组织迅速联合起来，趁机在社交媒体上呼吁广大利比亚民众在2011年2月17日（愤怒日）统一行动，对利比亚糟糕的政治和经济形势表达抗议。2月17日，大约有6000名抗议者聚集在利比亚东部城市班加西街头，公开呼吁推翻卡扎菲政权。反对派亦在班加西成立“国家过渡委员会”，与卡扎菲政权分庭抗礼。不仅如此，班加西的抗议活动还很快蔓延至首都的黎波里等利比亚其他众多城镇。抗议者不仅焚烧了政府大楼，而且与利比亚政府军进行了激烈的巷战。

卡扎菲政权从一开始就以暴力方式应对境内的社会动荡。从某种意义上讲，利比亚安全部队和利比亚军事力量是以军事行动来对付利比亚的抗议者的，这是因为他们不是使用催泪瓦斯驱散聚集的民众，而是直接向其开枪。更有甚者，利比亚政府还动用武装直升机镇压的黎波里的抗议活动。

（二）难见尾声的内战与国际社会的干预

然而，利比亚的国内动荡很快就演变成一场旷日持久的内战。不断加剧的利比亚内战亦引起国际社会的高度关注。一方面，安理会在2011年2月26日通过了第1970号决议，主要内容有三：其一，谴责卡扎菲政权对平民使用暴力；其二，将利比亚政府相关侵犯人权问题移交国际刑事法院；其三，决定对卡扎菲政权实施武器禁运、旅行禁令、资产冻结等一系列制裁措施。[①]

不仅如此，西方大国和相关中东国家亦纷纷介入其中，以图谋后卡扎菲时代在利比亚的利益。西方大国中，法国尤为积极和主动。法国不仅是利比亚问题外交攻势的领导者，也是推动实施军事行动条款的"领头羊"。法国外交部长阿兰·朱佩积极倡导和推动联合国安理会为法国主导的军事干预行动开"绿灯"。在阿拉伯国家联盟、非洲联盟和伊斯兰会议组织的支持下，联合国安理会在2011年3月17日通过第1973号决议，决定在利比亚设立禁飞区，授权成员国"采取一切必要措施……保护处于利比亚政府袭击威胁下的平民和平民居住地区。"[②] 3月19日，法国总统萨科齐邀请阿联酋和卡塔尔外交部长参加会议，此次会议促成了北约保护下"自愿联盟"的形成。在获此军事行动合法性授权的基础上，3月19日，法国主导、美国幕后支持，以北约之名，开始了对利比亚的空中轰炸行动。

利比亚反对派尽管得到了西方大国的大力支持，但在利比亚内战中，仍然只能与卡扎菲政权保持僵持局面。直到6个月后，北约直接向自称"革命者"（以否认卡扎菲政权的合法性）的利比亚反政

① 《安理会通过利比亚问题决议》,《人民日报》2011年2月28日，第3版。

② 《安理会通过在利比亚设立禁飞区决议》,《人民日报》2011年3月19日，第3版。

府武装提供先进武器装备，利比亚内战形势才逐渐朝着有利于反政府武装的方向发展。到2011年8月，的黎波里已经落入利比亚反政府武装手中。2011年10月20日，躲藏在家乡苏尔特的卡扎菲被叛军抓获，并在当日被处决。

伴随着卡扎菲政权的崩溃，利比亚立即陷入内战的境地。

（三）持续不断的政治纷争

在卡扎菲政权崩溃之前，利比亚国内的政治形势非常严峻，政治主张各异的不同派别形成了伊斯兰力量和反伊斯兰力量两大阵营，不过在反对卡扎菲政权的暴政问题上，这两大阵营达成了共识。而在卡扎菲倒台后，卡扎菲政权的残余力量加入了反伊斯兰力量阵营。

2011年11月24日，利比亚过渡政府在首都的黎波里举行宣誓就职仪式，标志着利比亚政治进程迈出重要一步。2012年7月，利比亚国民代表大会（制宪议会）选举顺利举行，穆罕默德·尤素福·马格里夫任国民大会首任议长（临时国家元首）。“国家过渡委员会”向国民大会和平移交了权力。2012年10月，利比亚国民大会选举阿里·扎伊丹为临时政府总理，[①] 10月31日，利比亚国民代表大会投票通过新任总理阿里·扎伊丹提交的新政府名单，利比亚新政府宣告成立。[②]

2014年5月后，利比亚各政治派别的政治、军事斗争日趋激烈，局势急剧恶化。在2014年6月25日的利比亚国民代表大会选举中，政治伊斯兰力量仅仅赢得200个议席中的30个席位。此情之下，政治伊斯兰武装攻下了的黎波里，利比亚国民代表大会逃往东部地区

① 《扎伊丹当选过渡政府总理》,《人民日报》2012年10月16日，第19版。

② 《中方欢迎利比亚新政府成立》,《人民日报》2012年11月3日，第3版。

托布鲁克，在此建立自己的政府。在托布鲁克成立的政府和2012年成立的政府均声称代表利比亚人民的合法愿望，利比亚因而陷入真正的政治分裂。[①]

面对利比亚危机的日益加剧，国际社会特别是联合国逐步加大了斡旋的力度，主持召开了数次有关利比亚问题的国际会议。2015年12月17日，在摩洛哥城市斯希拉特，利比亚各派别最终签署《利比亚政治协议》，设立总理委员会，同意由其组建民族团结政府。[②] 2016年初，总理委员会虽然两度向国民代表大会提交了民族团结政府的名单草案，但均遭否决。

2018年5月，在法国倡议下召开的利比亚问题国际会议上，尽管利比亚各派发表了《巴黎宣言》，就年内举行大选达成初步共识，但8月下旬利比亚首都的黎波里再次爆发大规模武装冲突。经联合国调解，冲突各派于9月26日最终达成停火协议。2018年11月中旬，在意大利政府的倡议下，在西西里岛首府巴勒莫举行了利比亚问题国际会议，萨拉迈提出推进利比亚政治过渡进程的“三步走”方案，即2019年上半年先后举行利比亚全国对话会、制宪公投、总统和议会选举。然而，2019年7月，利比亚的国内冲突升级。

利比亚局势不断升温，国内两大对峙势力的军事对抗愈演愈烈，埃及等域外国家也扬言出兵干预。伴随着大国博弈的加剧及国内形势的持续恶化，利比亚的未来前景着实堪忧。[③] 直接驱动卡扎菲政权倒台的“阿拉伯之春”并没有给利比亚人民带来“春天”。

① Ulf Laessing, *Understanding Libya since Gaddafi* (London: Hurst & Co. Publishers Ltd., 2020).p. 110.

② 《利比亚和平协议签署》,《人民日报》2015年12月19日，第3版。

③ 《利比亚冲突或成“代理人战争”》,《中国国防报》2020年7月1日，第4版。

五、叙利亚的社会动荡与内战发展

肇始于突尼斯的社会动荡浪潮迅速波及了叙利亚，并且在叙利亚最终升级为长期的内战。尽管巴沙尔·阿萨德政权在这波社会动荡浪潮中亦一度岌岌可危，但最终还是存续下来。这一结局一方面源于相关大国对此前中东战略和政策的反思和调整。诸如利比亚等国的动荡和政权更迭引发的灾难性后果使得西方国家，尤其是法国等充满对叙利亚局面不可控性的担忧，诸如俄罗斯等大国和利益攸关方对利比亚问题的政策进行了反思和调整。另一方面，叙利亚的结局也源于叙利亚在大国战略视域中的特殊地位和价值。

（一）叙利亚抗议活动的初始特征

就动荡初期的形势而言，叙利亚更类似于利比亚而不是埃及。埃及的动荡肇始于首都开罗，而叙利亚的动荡则与利比亚相似，爆发于首都之外的地方。情形之所以如此，原因有二：其一，两国对各自首都的管控更为严格。阿萨德政权和卡扎菲政权均将各自的安全部队、精锐武装力量等忠诚于政权的暴力工具集中于首都地区。其二，更为重要的是，叙利亚和利比亚的反政府抗议活动最初是一种无组织的自发行动，而埃及的抗议活动则是精心准备的、有组织的。

当然，这并不是说叙利亚的抗议者无意于复制埃及抗议活动的模式，恰恰相反，在2011年1月，就有一些叙利亚年轻抗议者效仿突尼斯和埃及抗议活动中的年轻人，利用社交网络组织了一些抗议活动，只是此类抗议活动未能引起叙利亚民众的关注和共鸣。3月初，叙利亚安全部队在尘土飞扬的省城德拉市逮捕了10名15岁以下的学生。叙利亚安全机构在指控这些学生从事反政府活动后，将其囚禁了两个星期。这些学生借用埃及动荡中提出的口号，在墙上涂写了“打倒巴沙尔·阿萨德政权”的反政府标语。[①]

叙利亚安全部队的行动并未能从根本上阻止德拉省抗议浪潮的再起。叙利亚安全部队向抗议民众开火导致数人丧生，引燃了更大规模的抗议浪潮。随后，多达两万人的抗议队伍高喊反政府口号，并袭击了政府大楼。叙利亚政府立即意识到事态的严重性，于是派出一个代表团与动荡地区的抗议者代表会谈。此时，抗议者已经提出社会经济和政治层面的诉求。在叙利亚政府代表团明确承诺将采取有效措施积极回应上述诉求之后，这一波抗议活动才暂且告一段落。

（二）阿萨德政府的回应与事态升级

在最初宣布改革之后，阿萨德政权并没有将改革进程继续下去，转而后退，奉行镇压叛乱的一揽子政策。支持阿萨德政府的叙利亚人将反政府活动贴上了“恐怖主义”的标签，以证明对阿萨德政权的支持具有合法性。西方国家在没有明确证据的情况下指控阿萨德政权对该国平民使用化学武器。这种舆论在西方社会赢得了较为广泛的认同和支持。

然而，整个事态的发展却因此后不久有媒体报道叙利亚安全部队在当地清真寺杀害了15名做礼拜者而进一步恶化。毫无疑问，这严重破坏了政府代表团试图化解此轮危机的种种努力。极其巧合的是，在北部沿海城市巴尼亚斯爆发抗议活动的同一天，德拉的街头也爆发了抗议活动。如同德拉的抗议活动一样，巴尼亚斯的抗议活

---

① 陈双庆:《叙利亚动荡政局及其走势》,《国际资料信息》2011年第6期。

动最初也只是反映当地民众的一般诉求，但抗议者的诉求很快就上升到对政治和经济问题的关注。德拉和巴尼亚斯等地的抗议活动很快蔓延到海滨城市拉塔基亚，再蔓延到哈马，最终蔓延到首都大马士革和最大城市阿勒颇。

严格意义上讲，叙利亚的社会动荡始于3月15日，因为当天开始了第一次有组织的大规模民众抗议活动。当天，一个自称“2011反对巴沙尔·阿萨德叙利亚革命”的群体在大马士革组织了一场抗议活动，要求政府取消紧急状态法，释放政治犯。当然，这场抗议活动未能引起叙利亚民众太多的注意，并且很快就被叙利亚安全部队轻松驱散。然而，叙利亚的社会动荡并没有就此偃旗息鼓。随着时间的推移，走上街头进行抗议的叙利亚人迅速增加，并且抗议活动的口号亦进一步升级为要求推翻阿萨德政权和在叙利亚实现民主。这些抗议者同样被忠于巴沙尔政权的叙利亚安全部队猛烈镇压。与此同时，叙利亚安全部队也开始采取紧急行动，努力遏制这种反政府抗议活动。

（三）大国涉入、内战与迎来曙光

2011年中，叙利亚逐渐陷入内战境地。面对日渐严峻的国内局势，阿萨德政权开始寻求其在中东地区的唯一盟友伊朗的帮助。[①] 有证据表明，伊朗通过派遣特种部队到叙利亚来履行其对叙利亚这一重要盟友的支持义务。[②]

伊朗亦努力说服俄罗斯派遣军事力量支持阿萨德政权。叙利亚

① S. U. Zaman, “Rise of the Non-state Actors in Middle East: Regional Dimensions,” *IPRI Journal* XV, no. 1 (Winter, 2015): 60.

② S. K. Dehghan, “Syrian Army Being Aided by Iranian Forces,” *The Guardian*, May 28, 2012, p. 2.

局势最终得到扭转，朝着有利于阿萨德政权的方向发展。

除伊朗外，中东地区另一大国土耳其以及相关域外大国美、俄、法、德、英等出于各自的中东地区战略利益考虑，亦纷纷涉入其中，从而将叙利亚的国内危机推至更加复杂的境地，使其呈现出异常明显的国际化特征。2011年8月，法国、德国和英国公然要求阿萨德下台。[①] 尽管这是上述西方国家朝着意欲武装干涉叙利亚方向迈出的一步，但是它们此时还是更多地借软实力施加自己的影响。

叙利亚政府与包括叙利亚自由军在内的叙利亚各反叛力量之间的军事较量在2012年正式开启。到了2015年，叙利亚的国内局势已经进一步恶化，战事颇为激烈，恐怖极端势力亦已坐大，人道主义形势甚为严峻，难民问题溢出效应日渐凸显。9月底，随着俄罗斯军事介入叙问题，国际社会的促和努力复趋活跃。12月，联合国安理会一致通过了第2254号决议，确定政治解决叙问题的主要原则、时间框架和路线图。[②] 此后，为了迅速结束叙利亚内战和冲突，重建该国的和平，联合国和阿拉伯国家联盟进行了一系列的调解努力，但均未能取得积极成效。随着叙利亚内战和冲突的加剧，中东地区国际关系中一个新的非国家行为体——"伊斯兰国"（ISIS）日渐涉入业已复杂难解的叙利亚内战之中，从而使得叙利亚局势更加混乱不堪。

2017年，联合国推动叙利亚政府和反对派在日内瓦举行六轮和谈，俄罗斯、土耳其、伊朗作为叙利亚停火机制担保国推动叙利亚政府和反对派在阿斯塔纳举行八轮对话会。正当叙利亚政治进程势头有所复苏之际，美国等西方国家却于2017年4月和2018年4月两

---

① 《英法德领导人要求巴沙尔下台》,《人民日报》2011年8月20日，第3版。

② 《叙利亚停火协议为和谈造势》,《人民日报》2015年12月27日，第3版。

次以“疑似化武袭击事件”为由对叙利亚实施空袭。[①] 西方此举不但无助于叙利亚问题的和平解决，反而使叙利亚问题进一步复杂化。

在颠覆阿萨德政权未果之后，2018年12月，美国宣布从叙利亚撤军。进入2019年5月，叙利亚政府发起解放伊德利卜省的战役，陆续收复大片国土。

2020年初，叙利亚政府在伊德利卜省展开军事行动，收复大片国土的过程中，叙土两国爆发直接的军事冲突。值得一提的是，自2011年叙利亚危机爆发以来，叙土两国政府军发生正面交火的情况还是颇为罕见的。[②] 3月，俄土两国就伊德利卜省停火问题达成协议。当地战事趋缓，形势总体平静。毫无疑问，叙利亚问题的政治解决进程必须要秉持“叙人主导、叙人所有”这一原则，叙利亚的未来必须由叙利亚人自己决定，不应受外部势力的干涉。只有如此，叙利亚的和平与稳定才能真正持久。当前，尽管困难重重，叙利亚政府仍然在积极采取各项措施，与各方加强协调，逐步稳定国内市场和经济运行，叙利亚人民有信心稳步推进国内和平重建进程。[③] 历史进入2021年，叙利亚问题的最终和平解决亦迎来了一丝曙光，历经10年动荡的阿萨德政府顽强地生存了下来。当然叙利亚未来的发展之路依然艰难，无论是维护国家主权、独立和领土完整，还是振兴经济、改善民生等，都需要叙利亚政府和人民付出巨大的努力。

持续近十年的叙利亚社会动荡已经造成巨大的人道主义灾难，大量难民因之产生。根据《2017年人权观察报告》的数据，截至2016年2月，叙利亚内战已造成47万多人死亡、1090万人流离失所。难民数量空前增加，达到500万以上，大部分难民生活在周边邻国；

---

① 《任性军事干预害处多多》,《人民日报》2018年4月15日，第3版。

② 《叙土冲突升级引关注》,《人民日报》2020年2月11日，第17版。

③ 《叙利亚加快推进和平重建进程》,《人民日报》2020年6月24日，第16版。

有1350万人需要援助，630万叙利亚人在叙境内流离失所。[①]

叙利亚难民为了躲避战乱和危险，纷纷逃往欧洲。叙利亚难民潮的出现可谓对当初美国和欧洲为了所谓的“民主、人权”而颠覆中东国家政权的极大嘲讽，也是对“阿拉伯之春”初期许多中东民众对西式民主自由欢呼雀跃的有力“诅咒”。

---

① Frontier Economics and World Vision, “The Cost of Conflict for Children: Five Years of the Syria Crisis,” March, 2016, p. 2.

第二章　中东国家在全球化进程中的治理挑战

一、有关“全球化”的理论诠释

客观言之，全球化给中东地区带来的更多是困境、挑战与贫富分化。何为全球化？如何对之进行定义？学界，尤其是国际政治经济学界是如何审视这一现象的？这是这一部分试图进行阐释和说明的主题。

（一）共识性全球化定义的缺失及原因

从一定意义上说，全球化现象的最初形式表现为人类首次定居在地球上的不同地区。尽管早在20世纪60年代，法美学者的相关研究文献中就已出现“全球化”这一概念的模糊轮廓，并且到了70年代它就已经出现在全世界的主要语言之中，[①] 甚至到90年代成为全球的“时髦用语”，但直至今日，尚无对之的明确界定和共识性定义。仅以国际政治经济学中自由制度主义学派为例，对究竟什么是“全球化”就存在多种定义。在罗伯特·基欧汉看来，全球化是包含在“社会关系和交流的空间组织转型”中的一系列进程，是跨洲流

---

① 戴维·赫尔德等:《全球大变革：全球化时代的政治、经济与文化》，杨雪冬等译，社会科学文献出版社，2001，第1页。

动和网络的产生和增强、相互依赖网络拓宽的趋势。[①] 戴维·赫尔德认为，全球化“意味着全球流动的规模或强度越来越大，以至于国家和社会日益陷入全球系统和互动网络之中”。[②] 而在菲尔·塞尔尼看来，全球化是在国家之间更密切的经济关系（国际化）和更密切的跨国关系（跨国化）的互动中实现的。[③]

“全球化”共识性定义之所以缺失，学界关于“全球化”是什么的争论之所以仍然在继续，主要原因在于全球化是一个多维度的过程。全球化绝非仅仅是一种经济现象，它还涉及政治全球化、军事全球化、居民人口迁徙的全球化、社会文化的全球化以及生态环境的全球化等，因此无法形成单一的、普遍接受的“全球化”概念。[④] 著名全球化问题学者安东尼·吉登斯亦有类似看法：“纯粹以经济学术语来定义‘全球化’是一个根本性的错误。”而英国全球化问题学者马丁·阿尔布罗夫亦认为，全球化从根本上讲绝非仅仅是经济问题，也绝非仅仅是那些国际政治家议事日程上的主要内容，其兼具上述两方面内容，并且还有一个更重要的方面：其直接影响我们人类的日常生活安排。[⑤]

作为各国间经济、政治、军事、文化和社会领域相互联系日益

---

① 罗伯特·O. 基欧汉、门洪华编《局部全球化世界中的自由主义、权力与治理》，门洪华译，北京大学出版社，2004，第17页。

② D. Held and A. McGrew, *The Global Transformations Reader* (Cambridge, UK: Polity Press, 2000), p. 3.

③ P. Cerny, *Rethinking World Politics: A Theory of Transnational Neo-pluralism* (New York: Oxford University Press, 2010), p. 13.

④ P. Dicken, *Global Shift: Mapping the Changing Contours of the World Economy* (New York: Guilford, 2011), p. 5.

⑤ 乌尔利希·贝克等:《全球政治与全球治理——政治领域的全球化》，张世鹏等编译，中国国际广播出版社，2004，第1页。

密切的过程，“全球化”的定义可以从以下三个层面来简化。其一，全球化是经济、贸易政策摆脱民族国家掌控的过程。其二，尽管民族国家赋予全球化以推动力，但一些次区域获得了全球化赋予的新经济资源，进而促成了地方认同的出现，加强了次国家治理单元的力量。英国的苏格兰、威尔士地区就是这种情况。其三，全球化通过横向挤压促使形成新的跨文化的政治经济区。例如，巴塞罗那虽然是西班牙的一座城市，但它亦是加泰罗尼亚的首府，还是一个与法国南部有诸多经济、文化联系以及在欧盟存在特殊地位的自治区。

（二）有关“全球化”争论的四个阶段

正如吉登斯在《全球化：争论的状态》一文中所言，国际社会有关“全球化”的争论历经了三个发展阶段。第一，对立阶段，亦即质疑“全球化”现象存在的“怀疑论者”与主张“全球化”现象确实存在的“全球主义者”之间的争论与对立。这场肇始于20世纪90年代初期有关“全球化”的辩论，[①] 致力于确定“全球化”概念是否能够准确描述当时世界正在发生的变化。一方面，怀疑论者认为，全球一体化的程度被过度夸大，尽管它确实存在，但并不存在任何实质上的新内容。另一方面，全球主义者则认为，在由企业和技术主导的、呈现急剧转型的、显现新态势的世界里，政府没有真正的权力，人们对传统政治渐失信心。第二，共识阶段。在这一阶段，有关全球化的争论逐渐形成共识：“全球化是一种新现象”。值得一提的是，直到这一阶段，有关“全球化”的争论才真正进入街头巷尾。反全球化者竭力反对它的到来，并且普遍将之与政治帝国主义

---

① 乌尔利希·贝克等：《全球政治与全球治理——政治领域的全球化》，序言，第2页。

和经济新自由主义的传播等同起来。而支持全球化者则热烈欢呼它的到来。第三，对策选择阶段。反全球化者接受了全球化的必然性，因而有关全球化的争论转向“如何应对和治理全球化，以使之惠及所有人”等议题上。换而言之，有关“全球化”的辩论已经从“全球化是否存在”“全球化的后果是什么”转向“如何应对和管控全球化，实现更好的全球治理”。

在吉登斯的前述论断基础上，国际社会有关“全球化”的争论事实上已经进入第四个阶段：“全球化是否在发生逆转”阶段。2008年全球金融危机的发生可谓引发有关全球化是否发生逆转这一争论的事件。2016年英国全民公投决定“脱欧”，同年持“美国利益优先”理念和口号的特朗普入主白宫，尤其是此后特朗普政府的一系列“退群”之举，更是为“全球化在发生逆转”这一论点提供了有力的新“佐证”。

当人类社会进入2020年，有关“全球化已经发生逆转”的看法赢得了更多的认同，似乎确信无疑。英国皇家国际事务研究所所长罗宾·尼布莱特（Robin Niblett）在《外交政策》杂志上发文称，“我们所熟悉的全球化将一去不复返”，新冠疫情将是压倒全球化的最后一根稻草。世界几乎不可能回到21世纪初那种互利共赢的全球化状态。一旦各国再无意愿保护全球经济一体化所带来的共同利益，那么20世纪建立起的全球经济治理架构将迅速萎缩。普利策奖得主、知名评论家加勒特预言，“跨国公司将会重新评估跨国远距离供应链在灾变下的脆弱性，它们会设法将全球供应链进行收敛，让生产资源在空间上更紧凑，增强供应链抵御突发事故风险的韧性”。[①]

① 转引自朱云汉：《新冠肺炎疫情危机后的世界》，《经济导刊》2020年第5期。

二、有关全球化争论的观点述评

在普罗大众的语境中，“全球化是否存在”是一个颇为简单易答的问题，但在严谨的学术探讨中，对这个问题的回答则反映了研究者在该问题上所持的理论视角。在国际政治经济学研究范式内，学者们在这一问题上的观点可分为三类：[①] 其一，否认全球化现象存在，他们通常被称为“怀疑论者”；其二，承认全球化现象存在，但认为需要对之定量定义，以“全球主义者”为代表；其三，承认全球化现象存在，而且认为全球化是一个需要定性定义的结构现象，以“跨国主义”者为代表。

（一）全球化“怀疑论者”的观点

赫斯特、汤普森、罗伯特·基欧汉、约瑟夫·奈可谓全球化“怀疑论者”的典型代表，他们在“全球化”问题上的观点，概而言之，主要包括以下几点。

其一，“全球化”并非一种原生的新现象，[②] 换而言之，日益增长的国际和跨境互动不过是一种历史往复循环的过程。当下诸如全球市场、货币交易、大规模移民、无护照旅行和国际大都会文化等现象不过是100年前世界特征的某种历史重现。

其二，即便在当下，亦不存在任何“全球的”“全球化了的”“全球化的”特质，即使是作为正在进行的过程的“终点”，全

---

① P. Dicken, *Global Shift: Mapping the Changing Contours of the World Economy*, p. 5.

② 罗伯特·基欧汉、约瑟夫·奈：《权力与相互依赖》（第三版），门洪华译，北京大学出版社，2002，第274页。

球化也不存在。[①] 与此同时，大国都在竭力寻求其权力的最大化，所以区域化趋势反而日趋凸显。世界正日渐形成欧洲、亚太和北美三大金融和贸易集团。

其三，全球化不过是世界大国政治家手中的便捷神话，他们在舆论中扩散这一观念是为了巩固这些国家的霸权。

其四，"国际化"的世界经济仍然比"全球化"的经济更为盛行。此结论是在比较和分析"全球化的经济"与"'国际化'的世界经济"[②]（主要经济体仍为民族国家）这两个概念的基础上形成并以如下五点作为这一结论的支撑。

第一，从衡量世界经济一体化程度的指标生产性资本中的外资存量来看，统计数据显示，直到1995年，全球外商直接投资（FDI）存量只占全球GDP的10.1%。这一数值反证出"民族国家经济已经死亡"之说是罔顾事实的错误言辞。即便到2005年这一占比的数值虽然已经翻了一番，达到22.7%，仍然不能如此妄断。事实上，外商直接投资对一国国内固定资本形成的贡献方面的相关数据表明，它们仍然微不足道。[③] 即便以经济颇为活跃的发展中国家中国为例，1995—2013年外资和外资企业对中国GDP的贡献率也仅约为16%—34%，对中国就业的贡献率约为11%—29%。[④] 这一数据足以说明，民族国家经济仍然在世界经济中占据主导地位。

---

① P. Hirst, G. Thompson and S. Bromely, *Globalization in Question, the International Economy and the Possibilities of Governance* (Cambridge, UK: Polity Press, 2009), p. 26.

② P. Hirst, G. Thompson and S. Bromely, *Globalization in Question, the International Economy and the Possibilities of Governance*, Introduction.

③ P. Hirst, G. Thompson and S. Bromely, *Globalization in Question, the International Economy and the Possibilities of Governance*, p. 78.

④ 米高·恩莱特:《助力中国发展——外商直接投资对中国的影响》，闫雪莲、张朝辉译，中国财经出版社，2017，第79页。

第二，如果在考察跨国公司的外商直接投资流动的同时，还考虑它们在母国的投资情况，情形就会大不相同。如果以国内销售和资产水平作为衡量世界经济全球化的程度，其结果是跨国公司仍然是以国家和地区为中心的。[①] 在20世纪90年代，一半以上多国公司（MNC）的总业务活动继续以本国或本区域为中心。[②] 即便是今天，一些跨国公司的业务已经全球化，但其依然更多地被视为以母国为中心的多国公司。

第三，如果用跨国公司的生产值占国民生产总值的百分比来衡量世界经济全球化的程度，从海外子公司的总产值占母国或地区GDP的百分比来看，从1982年到1994年，发达国家的这一数值仅从5.1%提高到5.4%，发展中国家的这一数值仅从6%提升至9.1%，全球的这一数值也只是从5.2%提升至6%。这表明，世界经济全球化的提升并不明显。由此可以看出，“国际公司仍然主要是以母国为运营中心的多国公司，而不是通常所说的跨国公司。因为跨国公司代表的是自由的无国籍公司”。[③]

第四，从离岸外包这一指标来看，尽管一些国家和地区在1995—2008年的生产外包业务明显增加，但明显低于通常声称的数量。[④]

第五，“金融市场完全融入全球经济”这一说法纯属子虚乌有。

---

① P. Hirst, G. Thompson and S. Bromely, *Globalization in Question, the International Economy and the Possibilities of Governance*, pp. 83-84.

② F. Buelens (ed.), *Globalization and the Nation State* (Cheltenham, Camberly: Edward Elgar, 1999), p. 152.

③ F. Buelens (ed.), *Globalization and the Nation State*, pp. 152, 153.

④ P. Hirst, G. Thompson and S. Bromely, *Globalization in Question, the International Economy and the Possibilities of Governance*, p. 92.

原因在于，如果金融市场真的完全融入全球经济，那么通常用于衡量金融市场嵌入程度的国内储蓄与投资之间的相关性应该消失。然而，这种相关性在20世纪的最后几年事实上并没有明显减少。① 此外，金融市场依然是具有明确国家定位的金融机制，被置于明确的国家主权和法律背景下；金融机构在国家领土内筹集资产，向国内客户提供信贷服务，需要尊重国家宏观经济政策，并遵循国家或地区定义的汇率和利率制度。这意味着金融机构受到国家的法律、经济和政治的约束。

（二）定量定义全球化学者的观点

尽管新现实主义学派和全球主义学派承认"全球化"现象的存在，但认为应该定量审视这一现象，全球化不过是"跨境经济、政治、社会和文化关系的强化"。② 具体言之，新现实主义学派在全球化问题上的观点可概括为以下七个方面。

其一，全球化并不是什么新现象，即使国际政治经济中出现了一些新趋势，也能够很容易地通过传统的政府间合作方式予以应对。③

其二，在公众和学术辩论中，针对全球化的影响，一些人总是夸大其词，要么极力妖魔化其为邪恶之母，要么极力赞誉其为解决所有问题的灵丹妙药。

---

① P. Hirst, G. Thompson and S. Bromely, *Globalization in Question, the International Economy and the Possibilities of Governance*, p. 55.

② H. H. Holm and G. Sørensen, *Whose World Order? Uneven Globalization and the End of the Cold War* (Boulder, CO: Westview Press, 1995), p. 12.

③ P. Hirst, G. Thompson and S. Bromely, *Globalization in Question, the International Economy and the Possibilities of Governance*, p. 37.

其三，世界经济实质上仍然依赖于两点，一是国际体系中国家处于中心地位，二是国家利益在区域一体化进程中日益得到满足。

其四，从某种意义上讲，全球化亦即国际贸易量不断增长、国际金融和跨国公司活动不断增强等多种因素促动的世界经济一体化，而且“这种增长”极不平衡，局限于特定的经济部门，并不像许多人认为的那样广泛。①

其五，较之于20世纪下半叶，传统的金本位制时期②，亦即1870—1914年，世界经济一体化的水平反而明显更高。相较于1913年，20世纪下半叶英法两国的贸易开放度（贸易与产出比）只是出现少许提高，日本的贸易开放度反而还有所下降。③

其六，相对而言，19世纪末期全球金融交易和贸易流量水平更高。④ 罗伯特·吉尔平的这一论断事实上基于以下两点：一方面，在金本位制时期，私人是可以从国际市场上自由购买黄金的；⑤ 另一方面，尽管20世纪的金融业交易量和贸易量的绝对值更大、增长速度更快，但它们主要集中在由区域霸权主导的、有明确界限的经济区之内，而全球特征并不凸显。

其七，当前金融市场的一体化仍然局限于投机和短期投资方面。这表明全球化尚未成为真正的现实。如果全球化是一种现实，那么

---

① R. Gilpin, *Global Political Economy: Understanding the Global Economic Order* (Princeton and Oxford: Princeton University Press, 2001), p. 364.

② 罗伯特·吉尔平：《国际关系政治经济学》，杨宇光等译，上海世纪出版集团、上海人民出版社，2006，第115页。

③ 罗伯特·基欧汉、约瑟夫·奈：《权力与相互依赖》（第三版），第276页。

④ R. Gilpin, *Global Political Economy: Understanding the Global Economic Order*, p. 364.

⑤ 王正毅、张岩贵：《国际政治经济学——理论范式与现实经验研究》，商务印书馆，2003，第344页。

“一价定律”将成为普遍现实。“一价定律”是经济一体化程度最重要的衡量指标，根据这个衡量指标，在完全一体化的经济中，相同的商品价格相同。[①]

总之，在新现实主义者看来，“全球化”的量的增长并不能证实其是一种新现象，亦无法证明其重要性。因此，“全球化经济”不过是一种幻象，“国际化的经济”才是现实。世界经济仍然集中在关键的民族国家手中，通过政府间合作方式应对和解决世界经济问题依然是唯一可行的路径选择。世界上的霸权国家不过是利用“全球化”这一便捷的神话来巩固其在全球和地区层面的权力。

如果说新现实主义者对全球化是否存在尚存疑问，那么自由制度主义者则显然是“全球主义者”。尽管在现实主义者看来，全球化不过是最强大的民族国家所掌握的、为其霸权进行辩护的便捷神话，但对自由制度主义者而言，全球化“却是不容否认的事实”。[②] 概而言之，自由制度主义者在全球化问题上的观点可归结为以下四点。

其一，全球化是一种确定无疑的存在，人类社会发展的相关数据可以表明这一点。而且，全球一体化程度相当高，在当代的进程可谓前所未有，给从国家到次区域、区域直至全球层面的各层次治理机制带来了一系列“转型”，驱使既有的、已为人们所接受的社会、经济、政治和治理的制度化安排发生根本性转变。[③]

其二，全球化正在重组民族国家政府的权力、功能以及权威。民族国家的主权在国际权威、国家权威与地方权威之间进行了分割。

① R. Gilpin, *Global Political Economy: Understanding the Global Economic Order*, p. 368.

② D. Held and A. McGrew, *The Global Transformations Reader*, p. 12.

③ 戴维·赫尔德等:《全球大变革：全球化时代的政治、经济与文化》，杨雪冬等译，第10页。

其三，全球化驱动着新的全球分层体系的显现。一方面，一些国家和社群正日益卷入全球秩序之中；另一方面，一些国家、社群则在全球化进程中逐渐边缘化。国际政治经济中的南方国家与北方国家的传统划分正迅速让位于新的国际劳动分工。全球新的权力关系结构正在形成，先前人们所熟知的中心—边缘金字塔结构不再是地理意义上的，而是社会意义上的世界经济分工。[①]

其四，全球经济发展进入一个全新的阶段。这个全新的阶段具有以下两点特征：一是国家间经济互动水平显著提升；二是全球范围内超越民族国家边界的经济活动量显著增加。按照赫尔德等学者的看法，这种独特的全球化形式可追溯至1945年。[②]

为了将人类社会的这一全球化发展阶段与历史上的国际化浪潮区分开来，赫尔德等人基于全球网络的广度、全球相互联系的强度、全球流动的速度、全球相互联系的影响四个维度，从全球化组织轮廓的基础设施、制度化、分层化、交往方式四个维度确定了人类社会所经历的四种不同类型的全球化。[③]

第一种是密集型全球化。从经济到文化的所有社会生活领域或层面上，全球网络不断扩展，而且具有高强度、高速度及高影响度，故得其名。在全球化怀疑论者看来，19世纪晚期的全球帝国接近这一类型。

第二种是分散型全球化，其中的全球网络具有高广度、高强度、高速度、低影响度的特点。因其影响受到了大幅度缓和和调节，故

① Ankie Hoogvelt, *Globalization and the Postcolonial World: The New Political Economy of Development* (London: Palgrave Macmillan, 2001), p. XII.

② D. Held and A. McGrew, *The Global Transformations Reader*, p. 5.

③ 戴维·赫尔德等：《全球大变革：全球化时代的政治、经济与文化》，杨雪冬等译，第9页。

得其名。虽然在人类历史上尚无完全与之对应的时代，但当代经济全球化的许多关键方面表现出了这一特征。

第三种是扩张型全球化，其中的全球相互联系虽然具有低强度和低速度特征，但这种联系的广度和影响度高。因其特征更明显地体现在扩展和影响上，而非流动的速度上，故得其名。在现代国际关系史的早期阶段，西方帝国主义在扩张时期接近这种类型。扩张过程中的欧洲帝国基本上占领了全球，对其他文明产生了重要影响。

第四种是稀疏型全球化，其中的全球网络广度虽高，但并没有与之相伴的高强度、高速度和高影响度。人类历史上的丝绸之路贸易、奢侈品贸易类似于这一类型。

在罗伯特·基欧汉和约瑟夫·奈看来，密集型全球化更广泛、更全面，也更深入地影响全世界所有国家，而稀疏型全球化则主要影响发达国家。

按照上述分类，目前的世界应该处于密集型全球化阶段。加拿大滑铁卢大学教授、全球化问题学者科尔曼等学者在《有关全球化的五十位关键思想家》一书中亦表达了相似的看法。①

值得一提的是，自由制度主义者对全球化具有可测量性的坚持，至少引出了两个未解难题。首先，有关全球化的经济、政治和社会维度间关系的性质如何定义。事实上，定量定义全球化观点甚至并没有说明这些维度是否存在关系。其次，坚持量化无助于确定全球化的因果关系，因而很难将其与其他现象（例如中东地区的边缘化）联系起来。因此，有必要通过定性定义来深化对全球化的认知。

① William Coleman and Alina Sajed, *Fifty Key Thinkers on Globalization* (London: Routledge, 2013), p. 123.

（三）定性定义全球化学者的观点

从定性角度看，全球化是一个持续的、质的结构转型过程，标志着人类历史进入一个新的时代。有学者甚至认为，在这个新的时代，“传统的民族国家已经成了全球经济中不兼容的乃至不可能继续存在的活动单元”。[①] 当然，对全球化的定性定义需要借助一系列要素，尤其需要借助技术发展、区域生产结构调整以及新的全球劳动与权力分工促成的金融和生产结构转型来共同确定这一过程。以极端全球主义者为典型代表的定性定义全球化学派的观点可概括为以下几点。

其一，全球化是一种结构性现象。[②] 在极端全球主义者看来，正是一系列相互交织的结构转型构成了全球化的本体论。全球化是本体论相关现象的“典型表现”，其通过这些现象在特定历史背景下的共存以及它们彼此构建的关系获得意义。[③]

其二，“全球化进程与国际化进程在本质上是不能相提并论的。它们涉及的不仅是经济活动跨越民族国家边界的地理延展，更是这些国际分散活动的功能一体化”。[④]

其三，单一全球市场的出现以及全球竞争规则的建构驱动着人类社会的进步和发展。经济全球化通过建立生产、贸易、金融的跨国网络推动着经济的“去民族国家化”。民族国家在这种“无国界”

---

① K. Ohmae, *The End of the Nation State* (New York: Free Press, 1995), p. 5.

② P. Dicken, *Global Shift: Mapping the Changing Contours of the World Economy*, p. 23.

③ J. H. Mittelman, *Whither Globalization? The Vortex of Knowledge and Ideology* (London: Routledge, 2004), p. 6.

④ P. Dicken, *Global Shift: Mapping the Changing Contours of the World Economy*, p. 5.

经济中弱化为全球资本的传动带，抑或沦落为不断强化的地方、区域、全球治理机制之间的中介制度。①

其四，全球化正在构建新的社会组织。这种社会组织正在抑或最终会取代世界政治经济中居于首要地位的单位——民族国家。“全球化”范畴内的各种现象之间的关系并非随机构成，而是被限定在一个精确的框架之内。

其五，信息技术的发展进步，一方面是引发全球化的重要驱动力，另一方面是全球化非常重要的组成部分。

三、技术的发展进步在全球化进程中的作用

现代科技的发展进步，尤其是信息技术的发展进步，在全球化进程中发挥着至关重要的作用。②

技术的发展进步不仅构成了全球化进程的引擎，也是决定金融全球化和社会生产重组的条件，③ 更是驱动社会经济关系与政治安排发生转变的重要因素。④

首先，技术的发展进步通常是金融全球化，亦即金融市场迅速发展的根源。技术发展使得跨国主义者所定义的每时每刻获取和进

---

① 戴维·赫尔德等:《全球大变革：全球化时代的政治、经济与文化》，杨雪冬等译，第4—5页。

② 沈湘平、程光泉主编《京师文化评论》(2019春季号)，中国社会科学出版社，2019，第5页。

③ P. Dicken, *Global Shift: Mapping the Changing Contours of the World Economy*, p. 6.

④ S. Sassen, *Losing Control? Sovereignty in the Age of Globalization* (New York: Columbia University Press, 1996), p. 168.

行全球金融交易成为现实。[①] 在此背景下，金融市场的自然场所不仅没有失去意义，反而变得更加重要。正如全球化问题学者迪肯所言，金融全球化“使地理场所显得更为重要”。金融权力不仅没有改变交易地理场所，反而更惊人地集中在纽约、伦敦、香港、新加坡、上海、东京、多伦多、苏黎世、北京、法兰克福等少数中心城市。尽管通常认为金融市场具有极高的流动性，但这种集中的特点是任何其他行业都无法相比的。[②]

其次，技术的发展进步是全球生产重组及生产地理再分配进程的主要驱动力。这主要通过外商直接投资、跨国并购以及创建出口加工区来实现。事实上，技术发展极大地提高了跨国公司通过调整其产业链，利用地理上的低运输成本、远距离控制劳工或在特定地点的规模经济来获得低成本价格优势的能力。值得一提的是，民族国家阻止类似情形发生的能力再次因为跨国公司不断增强的讨价还价能力而被进一步削弱。当然，这一进程并非在全球范围内均衡地发生。全球生产重组更多地发生在具有一定社会经济开放度、已经初步融入全球化进程的国家和地区，以及具有区域经济发展基础的地区。因为并非世界上所有的地区都恰好具备这样的基础条件，所以随着全球化的推进，势必导致那些未能很好融入全球政治经济之中的地区无法获得相应的经济发展机会，进而在全球政治经济中日渐边缘化。中东地区可谓这方面的典型代表。

最后，在技术的发展进步驱动下，随着全球生产重组，势必出现新的全球劳动分工和国家分化。这种变化具有以下两方面的特征：

---

① B. J. Cohen, “Phoenix Risen: The Resurrection of Global Finance,” *World Politics* 48, no. 2 (1996): 269.

② P. Dicken, *Global Shift: Reshaping the Global Economic Map in the 21st Century*, pp. 259, 462.

其一，由于技术进步以及降低成本的机会存在，生产的地域重组是沿着区域进行拓展的；其二，与这种生产重组相伴生的则是，在全球化和区域化进程之外的地区，人才流失和大规模移民现象急剧增加。因此，欠发达国家出现技术驱动的劳动力成本下降的同时，工业化国家也会出现技术和移民流入双重驱动下的劳动力成本下降，这种新的劳动力分配格局就促成了生产成本的降低。无论是在国外重组生产，还是在国民经济中雇用移民，特别是非法移民，均可实现生产成本下降之目的。不仅如此，在国内通过向工会施压，降低它们讨价还价的能力也能够降低生产成本。

四、全球化对中东地区的负面影响

国内外学者对中东国家的这波社会动荡浪潮根源的探寻从未停歇，相关研究成果亦可谓汗牛充栋，有些观点亦颇为深邃合理，在此一一罗列非该部分内容的主题所涉。但真正驱动这波动荡浪潮的则是全球化带给中东地区的持久而且不利的影响，这里想特别强调以下三点。

其一，全球化进程中中东经济日渐边缘化，民众陷入经济窘境，生活每况愈下，这一状况是驱动这波动荡浪潮的根本性原因。突尼斯和埃及相继发生并最终引燃这波动荡浪潮的自焚事件，均源于经济上的贫困问题。[①] 事实上，国内外学者就中东国家的这波社会动荡浪潮爆发的根本原因的探究中，对经济因素的认可已经成为普遍性共识。

---

① R. Abouzeid, “Bouazizi: The Man Who Set Himself and Tunisia on Fire,” *Times*, January 21, 2011, p. 3.

其二，2008年因金融危机而起的全球经济危机是这波社会动荡浪潮爆发的原因之一。2008年全球经济危机爆发后，粮食价格持续上涨，“食品暴乱”再次席卷中东各大中城市。全球谷物价格通胀率虽因2009—2010年商品和石油投机压力的减轻而一度从10.2%下降到-0.8%，但到2011年，食品价格指数再次暴涨，甚至超过2008年世界银行的相关统计数据。如果以2005年为基准年，那么2011年的实际食品价格指数则高达170。与此同时，自2011年1月以来，突尼斯中部地区一直存在罢工和抗议活动。①

其三，全球化进程中，中东地区的社会动荡与食品价格指数之间形成了正相关关系：指数越高，社会动荡的可能性越大，反之亦然。我们可以以埃及的情形为例来说明这一点。在埃及人的语境中，被用于指代“生活”的“面包”一词是开罗街头抗议者高呼的主要词语之一。“面包”之所以成为埃及人“生活”的代名词，是因为埃及是世界上最大的小麦进口国和消费国。可见，面包与埃及人的日常生活休戚相关。因此，面粉价格上涨带动的面包价格上涨通常意味着大规模游行示威的发生。在埃及现代史上，这一情形屡见不鲜。例如，1977年埃及就曾爆发“面包暴乱”。这次事件并非源于面包本身的稀缺，而是源于萨达特总统推出的“对外开放政策”中的相关决定，亦即结束政府对基本食品价格的补贴。② 危情之下，萨达特决定逆转政策，才结束了不断加剧的骚乱。另外，我们亦可以新英格兰复杂系统研究所（New England Complex Systems Institute）的相关研究来说明这一点。该研究所在题为《中东粮食危机和政治动荡》的研究报告中，将2004—2011年社会动荡与联合国粮农组织全球名义食品价格指数关联

① L. Noueihed and A. Warren, *The Battle for the Arab Spring* (New Haven, CT: Yale University Press, 2012), pp. 24-25.

② 雷钰、苏瑞林:《中东国家通史·埃及卷》，商务印书馆，2003，第352页。

后得出结论：当全球名义食品价格指数等于或大于210时，粮食骚乱很可能发生。2008年，当联合国粮农组织的全球食品价格指数超过220时，30个国家发生了60多起粮食骚乱事件。历史在2010年年底和2011年年初再度重演。事实上，大规模社会动荡在食品价格高涨时必然发生的概率在94%以上。[①]

五、中东地区在全球化进程中的三个悖论

如果说，在世界上的一些地区，可通过创建和融入区域一体化来对冲和抑制全球化带给民族国家的负面影响，也可获得全球化带来的利好，那么在另一些地区，比如中东，情形就迥然不同，甚至完全相反。事实上，中东地区在全球化进程中呈现出以下三个方面的悖论性特征。

第一，全球化进程中的区域化缺失。如前所述，全球化进程的一个重要特征就是生产的地理再分配，亦即通过在发展中国家建立出口加工区、跨国并购、外商直接投资等三种形式向发展中国家和地区重新分配了大量劳动密集型的生产经营活动。然而，在全球范围内，这一过程并非以均衡的方式进行的。其更多地发生在有一定区域化基础的区域，亦即美洲、欧洲和亚洲的三角地带。自1945年阿拉伯国家联盟成立以来，中东地区虽已提出各种各样的旨在整合阿拉伯经济体的区域一体化倡议和机制，但它们最终都归于无效。尽管20世纪70年代石油经济繁荣一时，阿拉伯一体化计划再度复兴，但这种复兴本身更多的是围绕着阿拉伯产油国的石油美元财富

① Marco Lagi, Karla Z. Bertrand and Yaneer Bar-Yam, “Food Crises and Political Instability in North Africa and the Middle East,” New England Complex System Institute, September 28, 2011, p. 3.

再分配进行的。80年代出现的海湾合作委员会、马格里布联盟、阿拉伯合作委员会等较小规模的次区域集团的实践经历表明，这一时期的阿拉伯经济一体化安排依然归于无效。进入90年代，尤其是冷战结束之后，中东地区的经济一体化虽然出现了新的动力，比如出现欧洲—地中海伙伴关系计划，并在2008年演变为地中海联盟，但这种新动力不是由内部需求产生的，而是外部影响的产物。

总之，从效果而非行动或过程来看，中东地区未能成功进行区域一体化实践，甚至从经济角度来看亦是如此。[①] 即使在当今的全球化时代，依然如故。

第二，全球化进程中的日渐边缘化。中东地区，尤其是发生政权更迭的突尼斯、埃及、利比亚、也门等国家在全球化进程中逐渐边缘化。之所以如此，原因有以下几个方面。其一，这些国家民众的总体受教育水平偏低，因而在经济全球化竞争中处于相对劣势的地位。其二，中东地区，尤其是这些国家的人才流失和非法移民活动进一步加剧了这种边缘化状况。其三，全球化进程中跨国公司的资本集中过程，作为稀缺的发展机会，更多发生在具备一定的教育、经济基础条件的区域范围内，而中东地区缺少这种机会和动力。[②]

不仅如此，全球化进程还会导致社会和地理意义上的财富两极分化问题。那些已经获得教育和职业培训机会并有经济条件继续接受更好教育的社会阶层，在全球政治经济中会有更好地位。相反，社会底层和弱势群体则日渐边缘化，将因为无法获得全球化进程所需新技能而被淘汰。社会和地理意义上的贫富差距不断扩大，这势

---

① A. Junemann (ed.), *Euro-Mediterranean Relations after September 11: International, Regional and Domestic Dynamics* (London: Frank-Cass, 2004), p. 1949.

② S. Amin, *Beyond US Hegemony? Assessing the Prospects for a Multipolar World* (London: Zed Books, 2006), p. 9.

必导致“全球化进程中的边缘化”悖论。这种边缘化是产生“政治伊斯兰”等抗议组织的重要温床。[①]

第三，全球化进程中市民社会和社会资本赋权悖论。全球化进程事实上还导致了两个相互关联的现象：一方面，政治从属于经济，国家失去了对经济的掌控能力；另一方面，随着市民社会的赋权，抗议偏好不断增长，以追求政治经济和社会发展方面的平等权利。在中东地区，上述情形还与区域一体化结构性缺失相伴生。这一切使得国家发展陷入困境，危机更引人注目，因而局势也更加危险。

此外，全球化还降低了民族国家向其公民提供社会保障、就业机会以及控制其领土和经济的能力。[②] 在中东地区，次国家和超国家层面的组织机构和制度机制并不完善，甚至呈现缺失状态，这无疑加剧了潜在的不稳定的权力真空现象。[③] 这里存在导致社会动荡的经济根源，导致市民社会甚至以暴力的方式表达对政权更替和民主化的心声。

---

① N. Ayubi, *Over-stating the Arab State: Politics and Society in the Middle East* (London: I. B. Tauris, 2008), pp. 181-182.

② S. Sassen, *Territory, Authority, Rights: From Medieval to Global Assemblages* (Princeton, NJ: Princeton University Press, 2006), p. 7.

③ J. H. Mittelman, *The Globalization Syndrome: Transformation and Resistance* (Princeton: Princeton University Press, 2000), pp. 25-26.

第三章　全球化与区域化关系的理论诠释

要准确地解读和分析中东地区在全球化进程中的区域化悖论，首先必须对全球化与区域化的关系问题有一个理论性的梳理和界定，然后借助理论工具进行探讨和分析。在国际政治经济学领域，持各种不同学术立场的学者对区域化与全球化的关系问题都有自己独特的见解和认知。

一、现实主义视域下全球化与区域化的关系

在现实主义阵营中，赫斯特及其同仁在全球化与区域化的关系问题上持有以下观点。

第一，虽然全球化是存在很大争议的现象，但区域化是毋庸置疑的、正在发生的历史过程，是区域霸权国家寻求权力最大化的工具和结果。

第二，即便没有全球化的政治经济形势，依然存在颇为明显的区域一体化趋势。[①] 地区主义理论与实践，亦即正式的区域机制和自由贸易安排充分说明了这一点。

---

① P. Hirst, G. Thompson and S. Bromely (eds.), *Globalization in Question: The International Economy and the Possibilities of Governance* (Cambridge, UK: Polity Press, 2009), p. 159.

第三，尽管在世界上的某些地区，特别是在欧洲，正式的地区主义理念相当先进，但我们不能想当然地据此认定地区主义在全球任何地方都是以稳定、均衡的方式发生的。事实上，正式的制度化地区主义总是经济区域化的结果。[①]

第四，区域化进程就是在明确界定的区域内大国对小国权力增加的结果。早在20世纪90年代，在企业决定贸易和投资方向的基础上，美国、欧盟和日本的外商直接投资流向地区固定国家，全球经济聚集成为美国、欧盟和日本三大区域经济集团。在这些区域经济集团中，分别由一个或多个成员国主导。

不过，在过去的几十年中，这种均衡局面已经因东亚经济的显著增长，尤其是中国经济的高速增长而改变。[②] 亚洲史无前例的工业化推动该地区的生产占世界产出的35%以上，该地区的出口占世界出口的25%以上。自2000年以来，亚洲对全球经济增长的贡献度已超50%。与之相伴的是该地区明显的区域化趋势，中国正在成为这一进程的领导者，并且印度有可能紧随其后。亚洲区域内的贸易水平与北美自由贸易区内的贸易水平不相上下，并且前者的生产是在区域一体化供应链中进行组织的。中国国家统计局发布的《新中国成立70周年经济社会发展成就系列报告》显示，1979—2018年中国经济年均增长9.4%，远高于同期世界经济2.9%左右的年均增速，对世界经济增长的年均贡献率为18%左右。[③] 赫斯特等人早

---

① P. Hirst, G. Thompson and S. Bromely (eds.), *Globalization in Question: The International Economy and the Possibilities of Governance*, p. 159.

② P. Hirst, G. Thompson and S. Bromely (eds.), *Globalization in Question: The International Economy and the Possibilities of Governance*, pp. 131, 140.

③ 《国家统计局：1979—2018年我国经济年均增长9.4%》,《北京青年报》2019年7月1日，第1版。

在十多年前就曾表示，中国是工业资本主义历史地理学转向新兴亚洲的主导部分。[①]

就在一些亚洲国家的成功发展直逼美国的生产力水平的时候，世界上其他一些地区，尤其是非洲、中东和中亚地区却出现了明显不同的情况。[②] 这种现实主义者所承认的现象预示着全球化进程中的边缘化悖论，值得一提的是，现实主义者中的跨国主义观点对这种悖论出现的决定因素进行了更为详细的讨论。

第五，虽然亚洲经济体和发达资本主义国家经济存在趋同趋势，但这一进程并不必然指向全球化。相反，在国际经济中存在“超国家区域化”趋势，亦即“由民族国家组成的地理上相连的区域，这些国家通过经济或货币联盟联合起来，或者这些民族国家的经济已经发展成为一个彼此紧密依赖的实体，或者可以凭经验证明它们正沿着这些路线前进”。[③] 欧盟是此种发展路径的典型代表。欧盟呈现了法律意义上地区主义的最高级形式和事实上的区域化。类似的“超国家区域化”进程还有北美自由贸易协定、南方共同市场、东南亚国家联盟和西非经济和货币联盟等。颇值得注意的是，2004年大多数商品出口流量仍集中在区域内（详见表3.1）。

---

① P. Hirst, G. Thompson and S. Bromely (eds.), *Globalization in Question: The International Economy and the Possibilities of Governance*, p. 143.

② P. Hirst, G. Thompson and S. Bromely (eds.), *Globalization in Question: The International Economy and the Possibilities of Governance*, p. 148.

③ P. Hirst, G. Thompson and S. Bromely (eds.), *Globalization in Question: The International Economy and the Possibilities of Governance*, p. 159.

表3.1　2004年跨区域商品出口流量占商品出口总额的百分比

来源地	目的地			合计
	北美	欧洲	亚洲	
北美	56%	16%	9%	81%
欧洲	9%	74%	8%	91%
亚洲	22%	18%	50%	90%

资料来源：P. Hirst, G. Thompson and S. Bromely (eds.), *Globalization in Question: The International Economy and the Possibilities of Governance*, p.164。

第六，形成超国家的区域经济集团与全球化进程的加剧并不一致。国际体系正显现出强有力趋势，亦即形成超国家的经济集团而非加剧全球化进程。在当前条件下，较之于完全的全球主义/全球化，超国家的地区主义/区域化进程似乎更具说服力。[①] 显然，此观点与其他学者对这一相同现象的解释截然相反。[②] 他们似乎认为，区域化是全球化的一部分，而非与之不同。

二、自由制度主义视域下全球化与区域化的关系

在自由制度主义的语境下，全球化与区域化的关系主要体现在如下五个方面。

第一，区域化进程并不是全球化进程的阻碍，而是全球化进程的一部分，从理论角度言之，区域主义是迈向全球主义的一个步骤。在区域层面，将新型的跨境和超国家治理制度化，这与新的全球制

① P. Hirst, G. Thompson and S. Bromely (eds.), *Globalization in Question: The International Economy and the Possibilities of Governance*, p. 189.

② S. Amin, *Beyond US Hegemony? Assessing the Prospects for a Multipolar World*, p. 121.

度的出现并不冲突。[①] 而且，区域化进程并不存在任何特殊性，不过是建立真正的全球经济和治理体系过程中的一个步骤。南方共同市场或欧盟等区域性机制化计划与全球机构为建立一个新的多层次的全球经济治理体系共同作出了贡献。[②] 正是三大区域经济集团的外商直接投资的集聚，以及区域间流动性的加强，增强了全球经济一体化的动力。因此，区域化是对全球化的补充，而非与之构成竞争关系。[③]

第二，从国际政治经济学的角度来看，虽然无法否认大多数贸易活动发生在明确界定的区域之内，比如北美、欧洲、亚太三大区域内，但至少自1947年以来，区域自由化和多边自由化已携手并进。自由化使贸易壁垒不可持续，这已被全球政治经济中价格趋同趋势的存在证明。而且，贸易中的区域主义并没有转化为对世界市场的条块分割。更重要的是，全球贸易由全球性机构世界贸易组织所规范，其制定了市场必须遵循的全球贸易规范框架。因此，全球市场并非完全自由的，而是根据组织所定义的全球法律框架以及越来越多的跨国私人商业法律体系来组织的。[④]

第三，尽管金融市场变幻莫测，金融流动也仍然存在一些区域化趋势，但不容否认的是，20世纪80年代以来全球金融市场已经日渐一体化。如下两点证明了资本的充分流动性和开放性：其一是利率的日渐趋同；其二是储蓄—投资的关联性似乎从20世纪90年代开

① D. Held and A. McGrew, *Globalization/AntiGlobalisation* (Cambridge: Polity Press, 2007), p. 78.

② J. N. Rosenau, *Along the Domestic-foreign Frontier* (Cambridge: CUP, 1997), p. 15.

③ D. Held and A. McGrew, *Globalization/Anti-Globalisation*, pp. 92, 108.

④ D. Held and A. McGrew, *Globalization/Anti-Globalisation*, p. 81.

始减少。[①]

第四，制度化层面的全球化有实质性的发展。自20世纪70年代以来，对资本流动的法律限制实质性减少。这意味着资本流动的自由度大幅增加，在此基础上，就定量而言，金融全球化也实质性增多。[②] 而且，全球逐渐构建了一系列负责规范和组织跨境金融活动的私营或公共机构和组织，包括跨国银行以及国际货币基金组织、国际清算银行（BIS）、金融行动特别工作组（FATF）、国际会计准则委员会（IASC）等规范和监督机构。[③]

第五，在全球化时代，既有的国际或区域治理形式日渐过时。之所以如此，是因为它们仍然依赖以国家为中心的体制结构，无法适应全球化带来的新的多中心的政治组织形式，正如霍尔德所强调的，全球化创造了新的"相互重叠的命运共同体"。[④] 这些政治共同体是通过完全超越国家甚至区域边界的进程结合在一起的，例如环境问题影响的议程、全球金融体系的管制模式议程、艾滋病等疾病的全球传播问题议程。因此，这些类似共同体的需求无法由位居国际或区域体制安排中心位置的任何单一国家来满足。全球（世界）主义应该建立在既有的国际/区域制度计划之上，并阐释全球化的治理过程。[⑤]

---

① D. Held and A. McGrew, *Globalization/Anti-Globalisation*, pp. 86-87.

② L. S. Talani, *Globalization, Hegemony and the Future of the City of London* (London: Palgrave, 2012), p. 110.

③ D. Held and A. McGrew, *Globalization/Anti-Globalisation*, p. 89.

④ D. Held, "Principles of Cosmopolitan Order," in G. Wallace Brown and D. Held (eds.), *The Cosmopolitanism Reader* (Cambridge: Polity Press, 2010), p. 244.

⑤ D. Held, "Law of States, Law of Peoples," *Legal Theory* 8, no. 1 (2002): 2.

三、跨国主义视域下全球化与区域化的关系

在跨国主义语境下，全球化与区域化的关系主要包括以下几个方面。

第一，如果说制度主义者所强调的是在多层次的权力重组中治理体系区域化的重要性，那么跨国主义者所强调的则是全球生产结构调整对一些地区的利好胜过另一些地区。[①] 从跨国主义的角度来看，全球化的过程引发了一系列悖论和矛盾。必须提及的有两点。其一，全球化凸显和强调了地方，对地方及次国家行为体进行了赋权。正如萨森所强调的，这种情形在城市化背景下尤其明显。[②] 其二，在核心区域产生区域化的地方化趋势，获得了全球化的支持。奥弗比克将这一现象称为将全球政治经济重构为“大经济区”（抑或“经济协作区”）。[③] 区域化概念潜藏的动力是新自由主义的重组，其与新形式的开放区域主义的建立一起促成了跨国主义者所称的“新自由地区主义”。[④]

第二，在政治从属于经济所衍生的民族国家危机背景下，[⑤] 市场力量在区域层面通过实施“开放的地区主义”重新组织流动性—固

---

① B. Gosh (ed.), *Managing Migration: Time for a New International Regime* (Oxford: Oxford University Press, 2000), p. 231.

② S. Sassen, *The Global City: New York, London, Tokyo* (Princeton, NJ: Princeton University Press, 1991), p. 9.

③ B. Gosh (ed.), *Managing Migration: Time for a New International Regime*, p. 121.

④ A. Bieler and A. D. Morton (eds.), *Social Forces in the Making of the "New Europe"* (London: Palgrave, 2001), p. 111.

⑤ R. Tooze and C. May (eds.), *Authority and Markets, Susan Strange's Writings on International Political Economy* (London: Palgrave, 2002), p. 221.

定性关系。[①] 这被跨国主义者定义为："区域一体化模式旨在将货物和资本流动的进一步自由化与市场治理某种结构的复兴结合起来。"诸如欧盟、北美自由贸易协定、南方共同市场和任何其他类似的区域自由贸易倡议体现了新自由区域主义思想。

第三，进入20世纪90年代，在自由主义发展理念下，区域主义只是一体化的一种形式。新自由主义与20世纪30年代盛行的、被定义为"以自我为中心的地区主义"形式不同。地区主义存在强烈的贸易保护主义倾向。新自由主义也不同于本质上失败的"发展区域主义"，因为后者更加重视再分配。[②] 新自由主义这种新自由式的区域主义是外向型的，通过宏观地区层面、民族国家层面和微观地区层面这三个不同维度的互动向全球政治经济开放。因此，它通过向更高程度的区域性发展而向更广阔的经济呈现多重性和开放性。[③] 就新自由主义本身而言，这是全球化进程的一个维度。

第四，在全球政治经济核心区域形成类似区域计划的根据是，为了资本流动，资本流入区域需要一定的政治和经济稳定性，亦即哈维所定义的"空间固定"。从这种逻辑反推，资本流动性有限且相对降低的地区形成区域经济制度的动机较低。中东地区就是这方面的典型。奥弗比克和佩尔兰提及的"流动性—固定性联系""逻辑上决定了全球资本流动性和固定性发生的实例和地点"。[④] 尽管在第

---

① A. Bieler and A. D. Morton (eds.), *Social Forces in the Making of the "New Europe"*, p. 112.

② J. H. Mittelman, *The Globalization Syndrome: Transformation and Resistance* (Princeton: Princeton University Press, 2000), pp. 112, 117.

③ B. Hettne and A. Inotai, "The New Regionalism. Implications for Global Development and International Security," UNU/WIDER, 1994, pp. 7-8.

④ A. Bieler and A. D. Morton (eds.), *Social Forces in the Making of the "New Europe"*, p. 123.

二次世界大战后的新自由主义时期，资本积累进程几乎全部发生在民族国家层面，随之而来的是与区域化同时进行的全球化和全球生产重构，但流动性—固定性联系在本质上变得更加区域化。①

第五，新自由主义区域的建立与区域生产结构的形成同时发生，在本区域内部各国之间形成了自己的区域产业链、区域市场和区域劳动分工。② 资本流动确实日渐遵循区域模式。结果，区域成为生产组织的逻辑空间。

第六，跨国公司在生产领域和金融领域的大多数经济活动的确集中在世界上的三个核心区，这与现实主义的“三大区域经济集团”相一致。现实主义者和跨国主义者虽然都认识到，全球政治经济趋向以三个核心区为代表的区域化。对现实主义者来说，这个区域化进程的动力仍然来自民族国家，或者更确切地说来自一个地区内最强大的民族国家。③ 而跨国主义者则注意到，外商直接投资不是由国家而是由跨国公司来承担的。④ 此外，主要集中在发达国家的企业并购的爆炸式增长极大地增强了跨国公司的力量。最后，跨国公司能够通过其他难以察觉的方式，如战略联盟和非股权安排来增强对经济的控制。⑤ 但是，跨国公司的资本集中过程并非发生在全球范围内，只是发生在明确限定的区域范围内。事实上，跨国公司日益把

① P. Dicken, *Global Shift: Mapping the Changing Contours of the World Economy*, p. 234.

② J. H. Mittelman, *The Globalization Syndrome: Transformation and Resistance*, p. 123.

③ P. Hirst, G. Thompson and S. Bromely (eds.), *Globalization in Question: The International Economy and the Possibilities of Governance*, p. 117.

④ P. Dicken, *Global Shift: Mapping the Changing Contours of the World Economy*, p. 155.

⑤ B. Gosh (ed.), *Managing Migration: Time for a New International Regime*, p. 67.

它们的一体化生产网络布局在三个最重要的地区，即北美、西欧和东亚/太平洋地区，亦即前述“三大经济区”。

新自由主义全球化事实上是由三大区域经济集团所主导，全球其他地方则因为缺少这种动力而日益边缘化。[①] 奥弗比克发现了这种现象产生的原因。首先，在生产领域，资本并非完全流动的。[②] 事实上，阻止生产性资本完全流动的一些障碍（技术、后勤或技能性的障碍）仍然存在，并且这些障碍因产业而异，使一些行业比其他行业更具流动性。[③] 其次，跨国主义者已经指出竞争状态中的某些要素，强调各国如何通过采取适当的宏观经济政策竞争性吸引跨国公司。此外，全球化增加了不确定性，例如带来汇率或金融市场波动，所以跨国公司在区域层面稳定其生产组织的动机很强。全球化的不确定性不利于资本积累，但民族国家难以操控，因为技术进步使得利用规模经济克服国家领土的限制成为可能，而且大多与区域经济一致。这就是为什么在全球化时代资本日益需要在全球核心区域的地区一体化方案，例如欧洲单一市场和欧洲经济与货币联盟。在全球体系的核心区中，这些区域机制一体化进程被聚焦于放松管制、自由化、灵活的和紧缩的新自由主义议程实施的拖累。[④] 与现实主义者相反，跨国主义者并不认为区域化过程就是逆全球化，而是认为它们不过是一枚硬币的两面，区域化进程是全球化进

---

① S. Amin, *Beyond US Hegemony? Assessing the Prospects for a Multipolar World*, p. 9.

② B. Gosh (eds.), *Managing Migration: Time for a New International Regime*, p. 68.

③ P. Dicken, *Global Shift: Mapping the Changing Contours of the World Economy*, p. 156.

④ L. S. Talani, *European Political Economy: Theories and Issues* (London: Ashgate, 2014), pp. 4, 5.

程引发的一个过程。[①]

全球生产重构的核心领域与边缘地带之间的矛盾日益突出。事实上，流动性—固定性联系的空间重构并不涉及诸如非洲和中东等全球的边缘地区。正如迪肯所言，全球经济中地域集中进程仍在继续。与之相伴生的是，另一些区域日益边缘化。[②] 这在非洲和中东，包括本文所分析的三个北非国家表现得尤其明显。

总而言之，“主权解构”[③] 创造了国家组织政治经济职能的新场所，在这些场所，区域形式普遍存在，但这主要发生在全球政治经济的核心区。欧盟是“主权解构”行为最前瞻的地区，因而它是区域一体化理论关注的重点。[④]

---

① J. H. Mittelman, *The Globalization Syndrome: Transformation and Resistance*, p. 139.

② P. Dicken, *Global Shift: Mapping the Changing Contours of the World Economy*, p. 25.

③ J. G. Ruggie, “Territoriality and Beyond: Problematizing Modernity in International Relations,” *International Organization* 47, no. 1 (1993): 9.

④ J. H. Mittelman, *The Globalization Syndrome: Transformation and Resistance*, p. 115.

第四章 国际政治经济学不同学派视域中的区域一体化

国际政治经济学的主流分析范式在传统上以新现实主义和自由制度主义观点为代表。在有关区域一体化的争论中，具体参考欧洲一体化的情况，就变为政府间主义和新功能主义之间既定的二分法。前者源于现实主义传统，后者与自由制度主义、康德哲学传统关系密切。

一、政府间主义的诠释

穆拉维斯克（Moravcsik）在《谈判单一欧洲法案》一文中开创性地提出了政府间主义理论。在文中，他提出了对待区域经济一体化的政府间制度主义方法。[①] 穆拉维斯克以欧洲区域一体化为例，指出区域一体化机制由国家的经济利益以及国家间的权力关系来推动建构。国际机制在促进和巩固既有的国家间协议方面发挥了作用。

政府间主义认为，一般意义上的区域化，尤其是欧洲经济一体化进程中，民族国家主导着决策过程，一体化的进程和结果反映了成员国间相对的权力和利益关系。然而，与国际关系中的现实主义

① A. Moravcsik, “Negotiating the Single European Act: National Interests and Conventional Statecraft in the European Community,” *International Organization* 45, no. 1 (1991): 19–56.

观念相反，政府间主义强调“低级政治”的重要性，特别是民族国家在国际/地区层面追求的是经济利益，而非国际关系中现实主义学派视域里对地缘政治的考虑。[①] 尽管现实主义有关国际经济决策和协议的解释假定安全或地缘政治与战略考虑界定了国家的经济选择，但政府间主义强调经济利益考虑是国家偏好区域经济一体化的基础。[②]

在政府间主义的观念中，区域经济一体化的进程是各国政府采取理性战略以最大限度地发挥其偏好和权力的结果。[③] 因此，许多政府间主义者/理性主义者强调运用理性选择语言（或模型）。[④] 此外，政府间主义者还引入了一个明确的国内政治理论来确定国家在国际/区域一体化进程中的经济利益和偏好。他们还在国际谈判中引入了明确的讨价还价理论。政府间主义的三个最基本原则是：其一，政府间的；其二，最低标准议价；其三，严格限制未来的主权转移。

“自由政府间主义”基于对国内政治的概念化，提出了国家偏好形成的明确理论，将其引入国家间谈判的系统分析层面。自由政府间主义基于如下三个基本假设：其一，国家行为总是理性的；其二，国家偏好是根据其对动力的自由理解而形成的；其三，政府间主义是为了解释国家间谈判的。[⑤]

---

① A. Moravcsik, *The Choice for Europe: Social Purpose and State Power from Messina to Maastricht* (London: UCL Press, 1998), p. 26.

② A. Wiener and T. Diez (eds.), *European Integration Theory* (Oxford: Oxford University Press, 2009), p. 70.

③ A. Wiener and T. Diez (eds.), *European Integration Theory*, p. 70.

④ H. Wallace, M. Pollack and A. R. Young (eds.), *Policy Making in the European Union* (Oxford: Oxford University Press, 2010), p. 19.

⑤ A. Moravcsik, “Preferences and Power in the EC: A Liberal Intergovernmentalist Approach,” *Journal of Common Market Studies* 31, no. 4 (1993): 74.

在本文中，区域一体化被概念化为国家决策者作出的一系列理性选择。这些选择是为回应国内强大的经济集团旨在实现其经济利益最大化的请求，实现的国际/地区体系权力关系的限制，加强国家相互承诺可信度的国际机制的约束力。因此，只能通过理性主义的国际合作框架理解区域一体化进程，在其中，主要的谈判被区分为三个阶段。第一阶段是国内讨价还价过程。在这里，国家确定了一套特定的策略偏好。偏好不仅是政策目标，而且是独立于国际体系的一组潜在的民族国家目标。第二阶段是国家间讨价还价过程。这一阶段是国家在国际体系中讨价还价以最大限度地实现其偏好的机会。第三阶段是决定建立超国家机构。正是在这一点上，根据国际谈判的结果，各国决定是否将某些主权让渡给国际机构。

总之，这种审视区域一体化的方式将国家确定为国际谈判的主要参与者。国家被概念化为达成国际/区域协议的理性行为体，以实现国内强大群体经济利益的最大化，并接受国际/区域机构的设置，以确保其他主权国家遵守相互间的协议。

为了使这个三方框架模式正常运行，需要进行一系列假设。政府间主义者作出的最重要的假设是，在决定是否进入区域性制度化安排时，国家首先是单一的，即它们在国际范围内以同一个声音行事。其次，国家是理性的，就是在国际谈判中，它们试图最大限度地实现其偏好。

二、新功能主义的诠释

新功能主义者对区域一体化的解释与国际政治经济学中的自由

制度主义（后来被称为新制度主义）学派明显一致。[①] 具体而言，它们都依赖于康德式理解，即国际体系中的合作以及建立超国家组织具有潜在合理性。与古典功能主义一样，新功能主义也强调机构和机构行为体在国际/区域一体化进程中所发挥的积极作用。这与古典现实主义/新现实主义将民族国家视为国际舞台"主体"这一理解形成对比。

新功能主义在区域一体化问题上的观点可概括为以下几个方面内容。

其一，区域一体化进程会推动超国家的政治共同体的出现。

其二，在自由主义—多元主义价值主导的社会中，利益群体、政党、其他国家行为体的认同与忠诚逐渐从国家层面转向超国家层面。

其三，区域一体化机制依赖于"溢出"概念。

其四，超国家的政治共同体概念尽管可能但并不必然要求采取任何具体的宪法形式，例如联邦政府形式。一旦超国家的政治共同体建立，单一制国家、联邦制国家甚至某些情况下的联邦制安排都是可能的宪法解决方案。[②]

其五，较之于政治一体化进程，经济一体化进程是第一位的。在区域一体化中，经济考虑总是优先于政治考虑。而且，经济一体化的实际水平和程度并不必然转化为法律制度一体化，尽管最终目的始终是创建一个超国家的政治共同体。[③]

---

① 秦亚青主编《理性与国际合作：自由主义国际关系理论研究》，世界知识出版社，2008，第三章。

② E. B. Haas, *The Uniting of Europe: Political, Social and Economic Forces* (Stanford CA.: Stanford University Press, 1968), p. 8.

③ B. Rosamond, *Theories of European Integration* (London: MacMillan, 2000), p. 60.

其六，就区域一体化进程的动力而言，是基于“溢出”效应，亦即一个问题领域的一体化在功能上与另一个领域的一体化相关。因此，在第一个领域充分聚集一体化收益的需要给其他领域的进一步一体化造成了压力。

哈斯等新功能主义奠基者认为，存在两种溢出效应：功能性溢出效应与政治溢出效应。这两种溢出效应在一体化进程中推动进一步措施的出现，通过利益集团的压力、公共舆论、精英社会化或其他国内行为体和过程发挥作用。[①] 在哈斯的观念中，利益团体和政党被“单列出来作为认同、反对或聚合的价值观和意识形态载体，他们决定跨国意识形态的成功或失败”。而且，在哈斯看来，“利益集团”比政党更重要，因为他们代表了先进的多元民主政治进程中最有活力的组成部分，经济利益集团尤其如此。他明确提出，“经济团体似乎处于那些哗众取宠地承认共同需求的人的前列”。与新构建主义学派对待区域一体化的态度相反，早期的新功能主义学派并不特别重视那些是否以意识形态定位的群体的观念内涵。[②]

支持更加深入地推进一体化的压力最初是由国家层面的团体和政党施加的。然而，随着一体化进程的不断深入，区域机构的权力和功能也在增长，群体和政党的需求、期望和忠诚也将逐渐转向区域层面。于是，超国家机构将成为一体化和共同体发展的强大引擎。这样，承认他们的利益在区域制度层面能够得到更好维护的国家政治行为体，以及对希望实现更大程度超国家主义的群体的政治预期作出回应的超国家机构，将共同培育和促进一体化进程。

---

① 白云真、李开盛:《国际关系理论流派概论》，浙江人民出版社，2009，第74页。

② E. B. Haas, *The Uniting of Europe: Political, Social and Economic Forces*, pp. 5, 278-289.

总而言之，早期的新功能主义者真正感兴趣的不是具体的政策发展，而是新的超国家机制的演进。同样，他们的理念继承人，如约瑟夫·奈和罗伯特·基欧汉等自由制度主义者，侧重于分析国际相互依存关系以及建立一个多层次的治理体系。① 欧洲一体化进程未能稳步实现建成超国家的政治共同体这一最终目标证明新功能主义的“溢出效应”存在缺陷，但经过修订的新功能主义仍然能够解释20世纪80年代以来区域经济一体化的成功。②

三、新葛兰西学派的诠释

新葛兰西学派从历史的角度来理解区域一体化的过程。这一学派中的卡夫鲁尼（Cafruny）和赖纳（Ryner）认为，欧洲区域一体化进程应该分为两个阶段。在第二次世界大战后的第一阶段，区域一体化计划旨在通过超国家经济合作的制度化来巩固欧洲国家资本主义。③ 在20世纪80年代初开始的第二阶段，区域经济合作源于如下认知和实践：其一，凯恩斯主义的推行并未能确保国家有效支配社会经济集团并实现持久繁荣；其二，只有新自由主义计划能实现类似目的。然而，由于这一过程存在内在的矛盾，以及欧洲资本主义精英服从于美国精英这一事实，欧洲经济一体化进程始终处于危机之中。

---

① 罗伯特·基欧汉、约瑟夫·奈：《权力与相互依赖》（第三版），第一、第二、第五编。

② G. Marks and D. McAdam, “Social Movements and the Changing Structure of Political Opportunity in the European Union,” *West European Politics* 19 (1996): 250.

③ A. Cafruny and M. Ryner, *Europe at Bay* (Boulder: Lynne Rienner Publishers, 2007), pp. 3, 5.

此后，经过以赖纳、范·阿珀尔多伦（Van Apeldoorn）和奥弗比克为代表的跨国历史唯物主义学者的理论发展和贡献，新葛兰西学派对区域一体化的理解成功转变为完全成熟的区域一体化理论。[①]这个理论围绕三个概念转变：历史唯物主义、跨国主义和新葛兰西主义。在此理论背景下，新葛兰西学派认为，区域一体化进程源自历史上确定的生产结构中的权力关系，是新兴资本主义全球政治经济的相对自发的区域表达。[②]更通俗地说，社会现实不能以普遍规则来解释，必须在其特定社会经济背景，即所谓的“形势”下研究。[③]

在新葛兰西学派看来，当代资本主义社会关系，特别是阶级关系的形成，既非仅限于“超越”国家边界的国际领域，亦非只限于国家内部。事实上，其在国际和国内两个层面同时发生。只有辩证地理解国内外因素之间的动态关系，才能理解国际体系和区域一体化进程的真实本质。[④]

新葛兰西学派对区域一体化的理解基于葛兰西的权力社会学，而后者则基于马基雅维利对“强制”统治与“共识”统治的区分。然而，在葛兰西的理论中，这种区分的基础是理想型霸权。当统治者在未能有意识地达成共识的情况下获得和行使霸权时，它就变成了“控制”。相反，如果它以道德和智力取向为特征，那么它就被理解为“道德霸权”。因此，尽管有意识的“共识”对获取道德霸

---

① A. Cafruny and A. Ryner (eds.), *A Ruined Fortress? Neo-liberal Hegemony and the Transformation in Europe* (Lanham, MD: Rowman and Littlefield, 2003), p. 33.

② K. Van der Pijl, “Ruling Classes, Hegemony and the State System,” *International Journal of Political Economy* (Fall, 1989): 21.

③ A. Cafruny and A. Ryner (eds.), *A Ruined Fortress? Neo-liberal Hegemony and the Transformation in Europe*, p. 34.

④ A. Cafruny and A. Ryner (eds.), *A Ruined Fortress? Neo-liberal Hegemony and the Transformation in Europe*, p. 36.

权来说是必要的，这是事实，但在马基雅维利的理论中，控制并不需要使用武力，可以凭借欺诈获得的共识实现控制。此外，在葛兰西的观念中，现实世界中的权力通常是通过力量与共识的混合运用来行使的。这不允许在实践中明确区分控制和霸权。

四、新马克思主义学派的诠释

彼得·科克斯是对区域一体化进程作出最为系统解释的新马克思主义学者之一。[①] 科克斯在欧洲区域一体化范例的基础上强调，作为超国家层面的国家建构过程的一个部分，欧洲的政治一体化早在16世纪就开始了。显然，科克斯的观点是建立在传统马克思主义理论中有关“国家作为主导的资产阶级行使权力的工具”这一概念的基础之上的。在马克思主义范式内，整个国家建构过程被解释为资产阶级权力合法化的过程。反过来，国家机构被视为允许将这种权力强加于社会其他群体的工具。

因此，区域一体化进程确立了它们存在的理由，亦即解决资本主义增长带来的问题。作为资本积累过程的自然结果，资本主义跨越国家边界的扩张意味着资产阶级需要在区域层面创建能够履行以前由国家承担的职能的新机构。因此，区域制度建设的过程中，资产阶级需要确定政治基础设施，以便于生产力扩展到国界以外并使其权力合法化，发挥确定新的流动性—固定性联系的功能。正如科克斯所言：“政治和经济一体化是为资本扩张提供机制化条件的一种

① J. A. Frieden and D. A. Lake (eds.), *International Political Economy: Perspectives on Global Power and Wealth*, p. 36.

方式，而社会一体化是新机制合法化的过程。”①

总而言之，按照科克斯的理解，区域政治一体化观念与国家建构观念是相关联的。在这里，国家建构在本质上被视为一种机制的再生，这种机制为资产阶级的生存和资产阶级在社会层面的合法性再次创造条件。

同样，卡利尼科斯（Callinicos）认为，应该从发达资本主义国家在欧洲和全球范围内的竞争角度来理解欧洲一体化进程。虽然资本主义已经超越国界，但没有哪个国家能够在全球范围内进行竞争。因此，像欧洲经济共同体这样的区域一体化计划是在试图允许国家资本主义在区域层面蓬勃发展，而不必应对全球竞争。

通过本章的梳理和分析，我们可以确定区域化的确存在，但它主要发生在全球政治经济中的核心国家之间。现实主义谨遵此意，在否认全球化存在的同时，强调霸权国家主导在欧洲、美洲和亚洲创建了三个宏观区域这一现象。而在政府间主义方法中通常会发现对一体化机制的类似看法。这确定了最强大国家的利益，特别是它们的经济利益，这是一体化的唯一动力。政府间主义认为，不仅一体化过程没有必要，而且它们产生了比趋同更多的分歧，因为它们将最弱国家的利益置于从属于霸权国家利益的地位，以此表达权力关系。

与此论调恰好相反，自由制度主义者认为区域化进程不但不会与全球化竞争，反而是对其的补充。确实，全球政治经济显现出创

---

① J. A. Frieden and D. A. Lake (eds.), *International Political Economy: Perspectives on Global Power and Wealth*, p. 37.

造大经济区之势，而这些与现实主义认定的三大经济区域保持一致。然而，一方面，这只是迈向全球一体化进程的一步，因为定量定义全球化中的自由化进程与创建贸易保护主义和制度化区域集团不一致。另一方面，现有的国际制度越来越不能满足整个人类的需要以及对公平和正义等基本权利的追求，在外围以及边缘化地区和社会部门，这一现象尤其明显。因此，存在一种新功能主义需要，亦即根据世界主义法律和制度中蕴含的世界主义价值观来建立一种新的全球治理体系。这将形成一个普世的世界政治共同体，它将保证每个人的平等和社会正义。

相反，跨国主义者倾向于将乌托邦式的超国家的政治共同体将会到来这一预测抛诸脑后，并在新自由主义区域化进程中确定和重构流动性—固定性联系，这对民族国家和区域层面发生的资本积累而言是必要的。他们提出了一个关于全球化后果的更加矛盾的图景，其中与我们的分析密切相关的是中东地区的日渐边缘化以及区域化进程的缺失。这种情况发生在处于危机形势中的、作为组织生产和控制领土尤其是民众的场所的民族国家。

那么，这将我们对中东地区在全球政治经济中的一体化研究置于何处呢？似乎从任何可能的理论角度来看，中东都是世界上没有开启区域化进程的地区之一。这个结论当然需要一些论据支持，在下文中将尝试给出这一论证。然而，我们已经可以确定，迄今对全球化动力的分析表明，中东在未来将不会很容易融入全球一体化进程之中。

事实上，国际政治经济学的主要理论所确定的反映本文主题的区域一体化机制在中东地区似乎并没有被激活。中东国家在发展社会经济面临困境时全盘西化的自由化、私有化改革使得其无法再为市场突变提供避难所，随后该地区在全球化进程中的边缘化以及缺乏事实上和法律上的区域化与民族国家危机交织，未能保护市民社会。

第五章 中东的区域化缺失以及与全球化脱节

从国际政治经济学角度来看，中东地区在全球化进程中区域一体化的缺失以及与全球经济一体化的脱节是中东地区爆发大规模社会动荡浪潮的重要根源。尽管该地区不乏区域一体化的各种努力和尝试，但所有这些努力和尝试大都以失败而告终。事实上，中东地区是全球化进程中区域化匮乏的典型代表。从有关全球经济一体化的指标来看，中东地区与全球经济一体化严重脱节。从某种意义上讲，中东地区正处于新的全球政治经济结构重组的十字路口。

一、中东的区域范围与国家分类

"全球化进程中的区域化状况"是我们在分析全球化对世界各地社会政治动力的影响所采用的定性的、跨国主义分析方法的重要参数。从这一分析路径看，在当今世界，那些高度融入全球经济进程的地区通常会提升该地区的经济发展水平，并能够在某种程度上提升该地区的政治一体化程度。[①] 然而，就我们探讨的中东地区而言，在某种意义上却是这种路径逆向发展的明显例证。

---

① J. H. Mittelman, *The Globalization Syndrome: Transformation and Resistance*, Chapter 2.

为了更好地研究中东地区的一体化状况，十分有必要首先对中东地区进行简要界定。本文所提的“中东地区”由一组地理位置相连、具有密切的历史和文化联系、面临共同的经济挑战的国家构成。出于研究需要，本文采用和借鉴国际货币基金组织的分类，中东地区包括如下20个国家：阿尔及利亚、巴林、吉布提、埃及、伊朗、伊拉克、约旦、科威特、黎巴嫩、利比亚、毛里塔尼亚、摩洛哥、阿曼、卡塔尔、沙特、苏丹、叙利亚、突尼斯、阿联酋和也门。当然，国内在探讨阿拉伯世界和中东问题时，就阿拉伯世界而言，一般认为涵盖西亚北非地区的22个国家和地区。① 而就“中东”的空间概念而言，看法有所不同，主流的观点有18国和17国之说。②

在此基础上，为了探讨和分析中东区域内的国家在经济结构上的根本差异，将其分为石油输出国和其他中东国家，亦即传统上所称的非石油或资源贫乏的中东国家（埃及、约旦、黎巴嫩、摩洛哥、叙利亚、突尼斯和也门）。中东的石油输出国还可进一步分为海湾合作委员会国家（巴林、科威特、阿曼、卡塔尔、沙特和阿联酋）和其他中东北非地区石油输出国（阿尔及利亚、伊朗和利比亚）。根据2003年国际货币基金组织发布的《世界经济展望》，如果一国的石油出口收入占出口总收入的50%以上，则该国就被列为石油出口国。自该报告发布以来，唯一的变化是，先前被视为西亚北非地区石油出口国的苏丹，因其主要的石油产地南部苏丹分离出去，成为独立的国家，现在被列为非燃料初级产品作为出口收入主要来源的国家。

在本章中，首先从制度和政治维度探讨和分析阿拉伯国家经济

---

① 钟志成:《中东国家通史·海湾五国卷》，第412页。

② 国内有关“中东”空间概念有18国和17国之说，参见彭树智主编《二十世纪中东史》，高等教育出版社，2001，绪论，第2页。

“一体化”的演进状况，抑或如哈德逊所言的“逆一体化、碎片化”状况发展。[①] 然后，转向对一体化的经济层面的问题进行分析，借助贸易一体化程度、外商直接投资水平和贸易开放程度这三个主要参考指标，讨论中东地区融入全球政治经济的状况。其目的是确定中东地区，特别是三个案例国家（埃及、突尼斯、利比亚）在多大程度上融入全球经济并且是否存在健康的区域经济一体化态势。最后，参考援助资本流动的动态，评估区域内一体化的程度。

二、无果而终的区域经济一体化尝试

中东地区并不缺乏有关区域经济一体化乃至区域一体化的倡议，真正缺乏的是对区域经济一体化的持续实践与有成效的发展。事实上，自1945年3月阿拉伯国家联盟成立以来，中东地区就在不断提出各种各样的旨在整合阿拉伯经济体的区域化机制。阿拉伯国家试图通过建立多边体制框架来促进区域经济一体化的努力和尝试可以分为以下几个发展阶段。

第一个阶段，无果而终的早期一体化探索（20世纪50—60年代）。中东国家区域经济一体化的努力最早可追溯至1950年。其时，埃及、约旦、黎巴嫩、伊拉克、叙利亚、沙特和北也门等国的外交与商业部长签署了《联合防务和经济合作条约》，旨在通过建立阿拉伯自由贸易区来削减关税壁垒，促进人员和资本的自由流动。遵循这一原则，1953年，阿拉伯国家联盟成员国签署了《便利贸易和规范运输公约》，其中提出废除农矿产品关税以及降低某些工业品

① Michael Hudson (ed.), *Middle East Dilemma: The Politics and Economics of Arab Integration* (New York: Columbia University Press, 1999), p. 79.

的关税。阿拉伯国家联盟希冀以此推进中东地区多边贸易协定的落实。[①] 然而，由于伊拉克等国所持贸易保护主义态度，以及沙特和北也门等国坚持对进口货物征收关税，消除贸易壁垒的种种努力最终以失败而告终。[②]

当人类历史推进到20世纪50年代末时，阿拉伯国家从欧洲的一体化努力和实践中获得了灵感和启示，意欲建立阿拉伯版的共同市场，而1956年的第二次中东战争进一步增强了阿拉伯国家推进一体化的意愿和动力。于是，在1957年，埃及、伊拉克、约旦、科威特和叙利亚率先签署了《阿拉伯经济统一协定》，旨在实现阿拉伯国家间的全面经济联盟。为此，五国还于1958年在开罗成立阿拉伯经济联盟理事会，以集中精力支持和促进阿拉伯国家的经济一体化进程。在该机构的推动下，阿拉伯国家联盟经济委员会在1958年就建立阿拉伯共同市场达成原则协议。基于此，1962年6月6日，埃及、伊拉克、约旦、科威特和叙利亚共同承诺，推进统一的经济政策和经济立法进程。经过一系列互动和磋商，1964年8月13日，五国最终签署了预定于1965年1月1日开始生效的《关于建立阿拉伯共同市场的决议》，核心诉求是在未来十年内废除所有关税和非关税壁垒。

按照《阿拉伯经济统一协定》的相关规定，阿拉伯经济联盟理事会建立了阿拉伯共同市场，并提出在1974年1月之前实现如下四个方面的目标：其一，人员和资本的自由流动；其二，国内外商品的交换自由；其三，自由居住、工作、就业和进行经济活动；其四，自由运输、过境，自由使用港口、海港和民用机场。为实现这些目

---

① Michael Hudson (ed.), *Middle East Dilemma: The Politics and Economics of Arab Integration*, Chapter 10.

② R. Owen and S. Pamuk, *A History of Middle East Economies in the 20th Century* (Cambridge, MA: Harvard University Press, 1999), p. 99.

标，该协定规定，逐步废除关税和商品数量限制。

然而，科威特最终未能批准建立共同市场的协定，其他国家在履行减少关税和数量限制方面的承诺时遇到很大的困难，有关国家未能就共同的对外关税达成一致。因此，到了1971年，建立阿拉伯共同市场的想法被建立一个聊胜于无的一般意义上的自由贸易区建议取而代之。①

这里需要指出的是，20世纪50—60年代阿拉伯国家之间多边和双边协议并没有对中东区域贸易产生实质性的提振作用。相关研究结论亦印证了这一点：20世纪50—60年代，阿拉伯国家间的贸易从未超过阿拉伯贸易总额的十分之一。② 情形之所以依然如故，主要有以下几个方面原因。

其一，一些阿拉伯国家缺乏政治意愿。例如，科威特未批准建立阿拉伯共同市场的协定。20世纪60年代，在马格里布和马什里克地区创建共同市场的所有尝试也都因为缺乏更加积极的政治意愿而归于失败。相关阿拉伯国家持这种消极态度的主要原因有两条：一是不愿放弃和让渡对本国经济政策的部分掌控权；二是不愿让他国商品进入本国市场。

其二，试图实现一体化的国家在经济上的同质化现象非常严重。它们的经济结构非常相似，而且经济互补性也非常差，农产品及其制成品趋同现象异常明显。

其三，相关国家采取的经济发展战略客观上阻滞了区域内部的经济合作和一体化进程。其时，各阿拉伯国家政府倾向于采用类似

---

① Michael Hudson (ed.), *Middle East Dilemma: The Politics and Economics of Arab Integration*, pp. 218-233.

② R. Owen and S. Pamuk, *A History of Middle East Economies in the 20th Century*, p. 11.

于苏联的进口替代工业化经济发展模式。这种模式意味着以在受保护的当地市场上销售的本地制成品替代先前进口的制成品。这一经济发展模式是这些国家缺乏经济增长、缺乏区域内贸易的根源。从1966年在突尼斯成立旨在促进更大范围的区域一体化的常设协商委员会开始，各种致力于建立马格里布联盟的尝试相继推进。然而，建立北非市场的计划从未实现。按照欧文的说法，其原因也是采用以进口替代导向的增长模式成为阻碍。①

就此而言，还可从如下两方面进一步解释。一方面，当一种经济结构不能促进出口时，外汇势必非常稀缺，有限的外汇将主要用于进口原材料和资本货物。此外，这些国家往往容易发生定期的国际收支危机，导致当地货币的可兑换性降低和资本管制的升级。在这种情况下，外汇储备几乎见底，补偿制造业生产几乎是不可能的，对区域市场的支持更是不可能的。另一方面，当时被国有化的产业缺乏技术和生产技能支持，产品的国际竞争力相对较低，这使得相关国家难以在国外销售其产品。在这种情况下，区域经济一体化不能茁壮成长也就不足为奇了。埃及就是这方面的典型。与之形成鲜明对照的是，像黎巴嫩这样的国家，其经济规模虽然较小，但以出口导向型经济为主，而海湾的石油出口国也采用了相反的更为成功的发展模式。

其四，商业条约与经济现实不匹配。较之于世界其他地区，阿拉伯国家间贸易流量的规模可忽略不计。因此，有学者认为，通过建立自由贸易区和共同市场等制度机制来增加中东区域内贸易流量的整个想法只不过是试图掩盖贸易流动匮乏这一现实的一种方式。

① Michael Hudson (ed.), *Middle East Dilemma: The Politics and Economics of Arab Integration*, pp. 218-233.

尽管20世纪70年代石油危机背景下的石油价格上涨有力推动了中东区域内资本和劳动力流动的大幅提升，但这种变化并没有对区域内贸易产生任何积极的影响。即便是区域内劳动力的流动出现增长，也并非源于阿拉伯国家中央政府的积极有为。事实上，就移民问题而言，除了20世纪80年代初期埃及政府为在伊拉克的埃及移民提供一些便利之外，阿拉伯国家间的移民活动主要还是不受管控的。地区间的资本流动大多是随机的，没有遵循任何计划因而是不可预测的。

第二个阶段，石油繁荣驱动一体化短暂复兴（20世纪70—80年代）。伴随着20世纪70年代的石油繁荣，阿拉伯产油国的财富和资本积累开始出现迅猛增长，这为阿拉伯国家一体化计划的再度复兴提供了必要的基础和条件。不过，这种区域一体化的复兴主要还是受阿拉伯国家间财富的再分配所驱动，[①] 在实质上与阿拉伯产油国将积累的部分石油美元财富转移给资源匮乏的阿拉伯国家的意愿密切相关。1971年成立的阿布扎比阿拉伯经济发展基金就是在这种背景下出现的。1974年，沙特和伊拉克也决定建立类似的国家基金。此外，在20世纪60年代末至70年代末，旨在为地方和区域发展项目提供资金，或为国际收支平衡提供资助的各种区域机构纷纷建立。这其中包括1968年成立的阿拉伯经济和社会发展基金，1973年成立的阿拉伯非洲经济发展银行和伊斯兰开发银行，1974年建立的阿拉伯—非洲技术援助基金、阿拉伯—非洲石油援助基金、阿拉伯非石油出口国特别基金，1976年创建的阿拉伯货币基金组织。正如上述基金发展机构的名称所彰显的，这一阶段中东地区经济一体化的内

① Michael Hudson (ed.), *Middle East Dilemma: The Politics and Economics of Arab Integration*, pp. 218-233.

容更多的是财富从阿拉伯产油国向资源贫乏的阿拉伯国家的转移。

1989年阿尔及利亚、摩洛哥、突尼斯、利比亚和毛里塔尼亚宣布成立的马格里布联盟，同年埃及、伊拉克、约旦和也门短暂建立的阿拉伯合作委员会等规模和范围较小的次区域集团的一体化实践经历充分说明，20世纪70—80年代的阿拉伯区域一体化努力大都仍然是无果而终。

这其中，唯一的例外就是1981年成立的海湾合作委员会。时至今日，海湾合作委员会虽然面临一系列的内外挑战，但依然发挥着自己独特的影响力和作用。需要指出的是，与阿拉伯国家的其他区域一体化实践明显不同的是，海湾合作委员会建立的是拥有共同的对外关税和共同的内部法律法规的真正的共同市场。

在整个20世纪80年代，阿拉伯国家间贸易额在阿拉伯国家贸易总额中的占比仍然非常低。1980年，阿拉伯国家间出口额在阿拉伯国家出口总额中的占比仅有5.2%，1984年也只有6.6%。而且，由于全球石油价格的大幅下跌，阿拉伯国家间出口额的绝对数值从1980年的120亿美元下降到1984年的84亿美元。而在这非常有限的阿拉伯内部贸易中，大部分发生在海湾石油生产国之间。[①]

20世纪80年代，阿拉伯经济体之间的区域一体化之所以表现乏力，深究其因，主要有以下两个方面。

其一，因全球石油价格下跌，一些阿拉伯国家出现了债务危机。资源匮乏的中东国家，特别是埃及和约旦，受这场危机的影响更甚，因为其在经济上依赖于海湾地区劳工移民的汇款以及阿拉伯国家的援助，而全球油价下跌导致上述两项收入都出现了显著的萎缩。而

---

① Michael Hudson (ed.), *Middle East Dilemma: The Politics and Economics of Arab Integration*, pp. 218-233.

且，随后的经济稳定计划使这些内部贸易和资本流动进一步萎缩，这是因为经济稳定计划阻碍了区域内贸易的发展。

其二，海湾战争降低了该地区内的交流水平，特别是加剧了海湾国家与西部阿拉伯邻国以及海湾合作委员会成员国之间的政治分歧。结果，阿拉伯经济合作的尝试归于无效，该地区的经济互动急剧减少。[①]

总体而言，较之于20世纪70年代，20世纪80年代的阿拉伯经济一体化努力及其成效更为糟糕，主要是因为石油收入的锐减。20世纪70年代，阿拉伯产油国拥有不断增多的石油美元，这促使它们在为较贫穷的阿拉伯国家融资方面发挥了更加积极的作用。石油财富的增长也增加了他们对阿拉伯工人的需求，从而促进了阿拉伯国家的内部移民。在这种背景下，制度化的区域经济一体化具有更多的怜悯成分。然而，进入20世纪80年代，随着全球石油价格下跌导致石油收入锐减，阿拉伯国家的经济一体化无论是在意愿还是在动力方面都受到极大的影响，中东的区域一体化计划基本上被束之高阁。[②]

必须指出的是，90年代以来中东地区的南南一体化虽有所进展，但尚不能言之成功。2004年2月25日在约旦、摩洛哥、埃及和突尼斯之间签署的建立自由贸易区的阿加迪尔协定于2007年生效，意欲再次构建一个阿拉伯共同市场。然而，鉴于西亚北非的动荡和经济困境，这个计划是否比20世纪60年代的计划更成功，目前尚存争议。

---

① Michael Hudson (ed.), *Middle East Dilemma: The Politics and Economics of Arab Integration*, pp. 218-233.

② R. Owen and S. Pamuk, *A History of Middle East Economies in the 20th Century*, p. 18.

第三个阶段，欧盟—地中海区域一体化实践（20世纪90年代至今）。进入20世纪90年代，随着冷战的终结，发展成为全球范围内所有国家面临的第一要务和共识。此种情势之下，区域发展势必开始超越区域安全成为诸多国家区域战略思考的新课题。正是在这种全球和时代背景下，欧盟开始思考和推动与其在地理上毗邻的中东地区的一体化计划。这成为驱动中东地区经济一体化和制度化的新动力。不过，这种新动力不是中东地区内生的，而是欧盟这一外部力量施加的。

1995年11月，第一届欧盟—地中海国家外长会议在西班牙巴塞罗那举行，会议发表了《巴塞罗那宣言》，决定将双方关系提升为“全面伙伴关系”，意在加强欧盟及其成员国与地中海国家之间的区域合作，促进地中海地区的稳定和发展，致力于在2010年建立欧洲—地中海自由贸易区。[①]《巴塞罗那宣言》的发表标志着欧盟正式启动了欧洲—地中海伙伴关系计划（EMP），亦即巴塞罗那进程，并于2008年进一步演变为地中海联盟。欧洲—地中海伙伴关系计划的提出和推进不仅为欧盟与中东地区国家间伙伴关系的建构开辟了一条新路径，也为管理双边和区域关系提供了新架构。欧洲—地中海伙伴关系计划包括经济、安全和文化三个维度的一体化进程。特别是，经济一体化旨在建立一个有深度的欧洲—地中海自由贸易区，不仅消除欧盟与南地中海国家之间的贸易和投资壁垒，而且消除南地中海国家之间的贸易和投资壁垒。宣言签署国包括欧盟成员国以及12个南地中海国家。与先前的相关协议相比，欧洲—地中海伙伴关系计划的另一个显著之处是，欧盟向南地中海国家提供的财政援助实现了大幅度的增长。通过两个连续的中东发展援助项目，

① 《欧盟深化与地中海国家合作》，《人民日报》2002年5月4日，第4版。

1996—2006年，欧盟向中东地区国家提供了近90亿欧元的援助。[①]欧洲—地中海伙伴关系计划的提出和实践意味着，地中海南岸国家与欧盟及其成员国就经济、政治和文化议题开启了重要而且实质性的对话与合作，并且取得了一系列相当有分量的成果，特别是在经济一体化和政治合作方面。

正当双方踌躇满志地意欲推进更为深入的文化和政治领域的合作之际，"9·11"事件发生。其毫无疑问是对欧洲—地中海伙伴关系计划的第一次重击。相继发生的恐怖袭击事件对欧洲—地中海伙伴关系计划最为持久的后果是相关议题的安全化，尤其是移民问题的安全化。[②]安全化是一个过程，通过这个过程，移民和难民政策越来越被视为安全议题，所有这一切都意味着要采用与安全相关的政策工具来应对和处理它们。[③]当然，有关伊斯兰激进主义的恐怖主义威胁是否以更明确的安全导向方式重塑了欧盟对穆斯林移民和公民的态度，相关研究文献中存在着巨大的争论。直到今日，依然如故。

这种安全化进程给双方的进一步合作带来了新的结构性挑战。一方面，安全化的发展推动了欧盟及其成员国将欧洲—地中海伙伴关系计划中的政治议程从低级政治转向高级政治，尤其是使社会经济合作依赖于采纳旨在遏制威胁的安全政策。另一方面，在欧盟看来，安全化亦让其陷入两难困境：一些阿拉伯国家既可以借尊重民主和人权来消极应对安全化问题，亦可以借安全化问题来推进和实

---

① 朱桂昌:《欧盟—地中海伙伴关系：进展与问题》,《国际问题研究》2006年第5期，第43页。

② 有关"安全化"这一概念，可参见白云真、李开盛:《国际关系理论流派概论》，浙江人民出版社，2009，第369页。

③ J. Huysmans, "The European Union and the Securitization of Migration," *Journal of Common Market Studies* 38, no. 5 (2000): 757.

施欧盟认为有违民主和人权的国家治理举措。埃及总统穆巴拉克决定在埃及孤立人权组织就是这种做法的明证。正如有学者所言，对安全的关注严重破坏了先前欧盟—地中海伙伴关系计划为加强文明对话以及文化合作所做的努力。①

依据欧洲委员会2003年通过的“更广阔的欧洲邻里”（Wider Europe – Neighborhood）倡议，欧盟在2004年提出了欧洲睦邻政策。该政策目标有二。其一，为欧盟管理其与16个东部、南部邻国关系设定框架，以期实现尽可能密切的政治联系和最大程度的经济一体化。② 其二，欧盟与和自己接壤的国家建立商业和战略联盟。就欧盟与其南方合作伙伴的关系而言，欧洲睦邻政策以欧洲—地中海伙伴关系计划为基础，提供双边激励措施以增强地中海南岸国家与欧洲的联系。因此，在欧洲睦邻政策启动之后，欧洲—地中海伙伴关系计划只保持了其区域性多边维度，失去了双边维度。在财政援助方面，欧洲邻国政策停止了中东发展援助项目，并且自2007年起，以一种单一的欧洲邻国和伙伴关系取而代之。其涵盖了所有欧洲邻国的需求，而不只关注西亚北非地区国家的需求。③

如果说这是对跨地中海一体化进程的重要一击，那么以地中海联盟取代欧洲—地中海伙伴关系计划则是对之更加沉重的打击。地中海联盟是2008年7月在巴黎举行的欧洲—地中海42国国家元首和

---

① A. Junemann (ed.), *Euro-Mediterranean Relations after September 11: International, Regional and Domestic Dynamics*, p. 153.

② “European Neighborhood Policy,” https://eeas.europa.eu/diplomatic-network/european-neighbourhood-policy-enp/330/european-neighbourhood-policy-enp_en, accessed July 13, 2020.

③ R. Aliboni, “The Geopolitical Implications of the European Neighborhood Policy,” *European Foreign Affairs Review* 10, no. 1 (2005): 2.

政府首脑会议决定重新启动的合作议程。[①]

虽然欧洲睦邻政策主要是欧盟与每个伙伴国之间的双边政策，但地中海联盟则是一项区域性多边合作协议，从一定意义上讲是对欧洲睦邻政策的有益补充。不过，其在一开始就遇到了一系列困难，主要原因有二。其一，2008年12月26日至2009年1月18日以色列在加沙地带展开的“铸铅”军事行动，导致以色列与其他伙伴之间的关系非常紧张。其二，地中海联盟的制度和金融特征使其与欧洲—地中海伙伴关系计划截然不同。[②]

总而言之，中东地区未能成功进行区域一体化实践，也远未从区域一体化的一般趋势中受益，甚至从经济角度来看亦是如此。即使在全球化时代，中东地区经济一体化的制度化路径似乎也是不透明的，而且充满了不确定性。

三、中东与全球经济一体化的脱节

在国际政治经济学研究中，通常通过外商直接投资存量与流入水平、跨国并购水平和商品出口量这三个主要经济指标来评估某一经济体或区域融入全球政治经济一体化的程度。下文拟基于这三项指标，具体考查和分析中东地区融入全球政治经济一体化的程度。

（一）中东地区的外商直接投资存量与趋势

通过考察1980年以来全球不同类型经济体的外商直接投资存量

① R. Del Sarto, *Contested State Identities and Regional Security in the Euro Mediterranean Area* (New York and Basingstoke: Palgrave Macmillan, 2006), p. 44.

② H. Diana, “The UfM and Development Prospects in the Mediterranean: Making a Real Difference?” *Mediterranean Politics* 16, no. 1 (2011): 179.

增长状况以及其在全球外商直接投资存量中的占比，我们可以发现不同经济体融入全球经济一体化进程的程度。尽管各种类型经济体的外商直接投资存量均实现了增长，但增长的幅度存在明显差异，发达经济体的外商直接投资存量的增幅最为显著，其次是发展中经济体，然后才是转型经济体。更为重要的是，自1980年以来，发达经济体拥有的外商直接投资存量的占比亦出现了明显增长。事实上，发达经济体的外商直接投资存量一直占据全球外商直接投资存量的最大份额。[①]

就发展中经济体而言，亚洲是外商直接投资存量最高的区域，而西亚北非地区的外商直接投资存量占比处于非常低的水平。

更值得注意的是，在2010年开始的中东社会动荡浪潮中出现政权更替的埃及、利比亚、突尼斯，如果将它们在1981年和2011年两个时间点的外商直接投资存量的占比进行比较，可以发现，较之于1981年，2011年的外商直接投资存量占比都出现了下降。其中，埃及的外商直接投资存量占比从1981年的0.4%下降到2011年的0.36%；利比亚的外商直接投资存量占比则从1981年的0.15%下降到2011年的0.08%；比较而言，突尼斯的降幅最为明显，从1981年的0.45%下降到2011年的0.15%。[②] 这是埃及、利比亚和突尼斯三国在全球经济一体化进程中日渐边缘化的一个典型例证。

从外商直接投资流入的动态来看，埃及、利比亚和突尼斯三国在全球经济一体化进程中的经济边缘化程度就更为明显。在社会动荡爆发之前，埃及和突尼斯在全球外商直接投资流入份额中的占比已经呈现下降趋势，社会动荡的爆发只不过加剧了所有国家此前业

① Leila Simona Talani, *The Arab Spring in the Global Political Economy* (Houndsmills, Basingstoke: Palgrave Macmillan, 2014), p. 119.

② Leila Simona Talani, *The Arab Spring in the Global Political Economy*, p. 121.

已出现的这种状况而已。

（二）中东地区的跨国并购

在国际政治经济学研究中，通常还将跨国并购水平作为评估一个经济体或一个区域融入全球政治经济一体化程度的重要指标。以2011年为例，全球跨国并购具有两个特征。其一，就全球层面而言，最大规模的跨国并购依然发生在发达经济体之间，占比高达77.91%，仅发生在欧洲区域的跨国并购金额占比就达到38.1%。其二，就发展中国家而言，亚洲是跨国并购额最大的地区，占比为10.52%。而这其中，大部分又发生在东南亚和东亚地区，占比为6.22%。与之形成鲜明对比的是，中东地区的这一数值占比只有区区2%。2011年北非地区的跨国并购额占比仅为0.26%，尽管西亚的成绩稍好，但也仅仅占1.74%。这里需要指出的是，在大规模社会动荡浪潮爆发之前，中东地区跨国并购金额的全球份额占比几乎可以忽略不计，埃及在2010年为0.06%，利比亚在2010年为0.03%，突尼斯在2010年甚至没有跨国并购行为。

（三）中东地区的商品出口

在国际政治经济学中，商品出口量是衡量一个经济体或地区融入全球政治经济一体化程度的又一个重要指标。

1. 中东的出口贸易在全球贸易中的占比持续下降

从20世纪80年代开始，中东地区的商品出口在全球贸易中的份额占比开始出现大幅下降。关于这一数值，西亚地区从1981年的9.5%下降到2012年的7%，而北非地区则从1981年的1.9%下降到

2012年的1.1%。[①] 这说明，在某种程度上，中东地区与全球经济一体化是脱节的。

不仅如此，中东地区的进出口额亦非常低。以2011年为例，西亚北非地区的地区外贸总额非常有限。

就国别而言，埃及和突尼斯的出口份额在过去30年中一直保持在超低位，始终低于0.2%。而在利比亚，因为西方的制裁和封锁，该国的地区外贸易事实上可忽略不计。

2. 地区内贸易额依然非常低

如前文所述，中东国家试图通过自由贸易区、关税同盟甚至是共同市场等方案来促进中东地区经济一体化的种种努力，结果都不尽如人意，未能成功构建卓有成效的区域经济安排，所以区域内贸易仍然处于极低水平。

较之于世界其他地区的区域内贸易量，中东地区的区域内贸易量可谓微不足道。国际货币基金组织2003—2011年的相关数据显示，该地区的进出口业务主要面向发达经济体，而区域内贸易的份额仅为贸易总额的十分之一。此外，尽管对新兴发展中国家和地区的出口份额有所增加，但中东地区的区域内出口总额自20世纪60年代以来几乎没有实质性变化，始终保持在10%左右。[②]

需要指出的是，中东地区从其他新兴发展中国家和地区的进口出现显著增长，份额增加到18%。[③] 从新兴发展中国家和地区的进口增长可能挤压该地区最不发达国家生产的廉价商品，从而限制该地区的一体化潜能。

---

① Leila Simona Talani, *The Arab Spring in the Global Political Economy*, p. 125.

② Leila Simona Talani, *The Arab Spring in the Global Political Economy*, p. 126.

③ Leila Simona Talani, *The Arab Spring in the Global Political Economy*, p. 126.

3. 一些国家的贸易开放度较低

世界银行通常以年度全面贸易限制指数（OTRI）来评判一个经济体的贸易开放度。全面贸易限制指数通过计算统一关税（统一关税将使其总体进口保持在当前水平，尽管该国事实上针对不同的商品有不同的关税税率）来评判一国的贸易政策立场。其他相关指标是贸易限制指数（TRI）、市场准入总体贸易限制指数（MAOTRI）和从价等值非关税壁垒。[①] 就中东经济体的贸易开放度而言，中东地区资源匮乏国家，特别是埃及、利比亚和突尼斯三国的贸易开放度非常低。[②]

上述探讨和分析充分说明，中东区域贸易一体化的状况并不好。就中东与区域外的一体化而言，情形也大致如此。尽管引入了欧元，但欧盟与南地中海之间的一体化程度仍然不高。

四、非经济因素驱动的区域资本流动

对阿拉伯国家间的官方发展援助的研究和分析表明，中东地区亦不存在真正意义上的经济一体化进程。事实上，阿拉伯国家的对外援助资金流动远没有显现出阿拉伯内部的一体化，似乎更多显现了其受到如下两个外部因素的强力影响：一是全球石油价格在20世纪70年代的上涨与80年代的下降；二是区域内外国际关系行为体在20世纪90年代和21世纪的地缘政治利益。值得注意的是，区域内

---

① H. L. Kee, A. Nicita and M. Olarreaga, “Estimating Trade Restrictiveness Indices,” *Economic Journal* 119, no. 534 (2009): 179.

② Leila Simona Talani, *The Arab Spring in the Global Political Economy*, p. 132.

援助资金的转移与侨汇成为区域内资本流动的主体。[①]

（一）1970—2004年对阿拉伯地区的援助变迁

近些年来，阿拉伯世界的区域内援助水平的变化非常大。在20世纪70年代早期，流向阿拉伯国家的援助总量还非常有限，但到了1977年，亦即石油价格飙升之后，这一数额已经接近160亿美元的峰值。[②] 正如前文已经指出的，类似的资本流动主要是石油资源丰富的阿拉伯国家在政治和战略考虑的驱动下，将部分石油美元财富重新分配给资源匮乏的阿拉伯国家。在1986年石油价格暴跌之后，援助金额立即出现锐减，到1989年仅有67亿美元。[③]

在海湾战争期间，流入中东地区的官方发展援助再次出现暴涨，不过，这次主要是来自西方国家，特别是美国的金融援助。值得一提的是，埃及是这些额外资助的主要受益国。海湾战争结束之后，流入中东地区的外国援助再次锐减，到1995年只有57亿美元。

2000年秋天，流向中东地区的官方发展援助资金的规模再次回升。原因有二：其一，第二次“因特发达”运动，亦即第二次巴勒斯坦大起义开始了；其二，2003年3月，美英等国绕开联合国发动第二次伊拉克战争。因此，到2004年，阿拉伯国家获得近120亿美元的外部援助，尽管不能与20世纪70年代末和80年代初资本转移

① Michael Hudson (ed.), *Middle East Dilemma: The Politics and Economics of Arab Integration*, pp. 218-233.

② J. Harrigan, C. Wang and H. Said, “The Economic and Political Determinants of IMF and World Bank Lending in the Middle East and North Africa,” *World Development* 34, no. 2 (2005): 257.

③ World Bank, *Arab Development Assistance: Four Decades of Co-operation* (World Bank, June 2010), p. xiii.

的数额相提并论，但这一数值仍然相当可观。[①]

（二）阿拉伯区域内援助情况

就区域内援助而言，沙特历来是主要的捐助国。沙特在1970—2010年对阿拉伯地区的援助占阿拉伯国家捐助总额的68.3%。根据联合国西亚经济社会委员会的数据，2000—2004年，沙特提供了78%的官方援助。而根据沙特财政部提供的数据，沙特的援助占比更是高达81.3%。沙特在2004年提供的官方发展援助净额约为17.34亿美元，相当于非发展援助委员会国家捐助总数的47%。沙特不仅通过多边组织提供区域内援助，而且通过双边方式（沙特发展基金）直接向受援国政府提供软贷款。联合国估计，1975—2005年，沙特发展基金向71个国家提供了总额为68.3亿美元的援助。[②] 这笔援助资金中，约有50%用于基础设施和能源项目，21%用于包括医疗保健和教育的社会项目，其余的用于生产活动，主要是农业和工业。2005年，该基金承诺提供的援助总额为2.14亿美元，主要分配给阿尔及利亚、科特迪瓦、埃塞俄比亚、黎巴嫩、摩洛哥和土耳其。根据阿拉伯货币基金组织的数据，沙特发展基金从成立到2004年的对外援助总额为76.369亿美元。

科威特和阿联酋是该地区另外两个重要的阿拉伯捐助国。1970—2010年，两国对该地区援助额分别占阿拉伯国家援助总额的14.4%和9%。2004年，科威特提供了2.09亿美元的官方发展援助。

---

① UN Economic and Social Commission for Western Asia [ESCWA], *Economic Trends and Impacts: Foreign Aid and Development in the Arab Region*, Issue No. 4, p. 7, https://www.unescwa.org/sites/default/files/pubs/pdf/ead-07-1-e.pdf.

② UN Economic and Social Commission for Western Asia [ESCWA], *Economic Trends and Impacts: Foreign Aid and Development in the Arab Region*, Issue No. 4, pp. 7, 8.

科威特阿拉伯经济发展基金正在通过双边和多边捐款来管理这笔资金。总体而言，从成立至2004年，科威特阿拉伯经济发展基金提供的贷款总额为130.144亿美元，大部分流向其他阿拉伯国家，主要用于资助交通、通信和能源基础设施项目。此外，该基金还资助了农业和工业项目、技术和财务项目。2004年，科威特阿拉伯经济发展基金的贷款承诺额为3.72亿美元，分配给阿富汗、巴林、孟加拉国、中国、埃及、毛里塔尼亚和巴勒斯坦。[①]

2004—2008年，阿拉伯国家的官方发展援助资金出现了明显增长，这种变化主要源于国际石油价格的迅猛增长。就沙特而言，其石油出口价格从2004年的每桶36美元飙升到2008年的每桶93美元。受益于此，沙特的国际储备从2004年的840亿美元飙升到2008年的4240亿美元的峰值。这为沙特发展基金的融资提供了充足的可能性。科威特和阿联酋两国亦有类似的情形。2009年，由于价格下跌导致阿拉伯产油国的石油收入下降，外汇储备减少，从而导致上述三个国家的官方发展援助支付和转移也相应地减少许多。[②] 1970—2010年，阿拉伯捐助国的总发展援助资金达到1471.5亿美元，其中沙特贡献了68.3%，科威特贡献了14.4%，阿联酋贡献了8.9%，卡塔尔贡献了3.1%。值得一提的是，尽管在20世纪七八十年代，除沙特之外，海湾合作委员会成员国是阿拉伯地区主要对外援助国，但2000年以来它们的对外援助数额大幅减少。

---

① UN Economic and Social Commission for Western Asia [ESCWA], *Economic Trends and Impacts: Foreign Aid and Development in the Arab Region*, Issue No. 4, p. 8.

② World Bank, *Arab Development Assistance: Four Decades of Co-operation* (World Bank, June, 2010), p. 8.

（三）阿拉伯国家援助的来源

尽管从数值上看，阿拉伯国家向阿拉伯地区提供的援助总金额的确比较可观，但中东地区的官方发展援助大部分还是来自非阿拉伯国家。事实上，只有巴林、埃及、阿曼、叙利亚、摩洛哥五国的各自前五名援助来源国中有阿拉伯国家。

根据经合组织相关资料，阿拉伯国家的官方发展援助来源呈现地域特色。1970—2004年，虽然叙利亚所获官方发展援助总额的84%来自阿拉伯国家，但摩洛哥和其他马格里布国家所获官方发展援助则主要是由欧盟提供的，而埃及和伊拉克所获大部分官方发展援助又来自美国。

从累积的角度来看，只有巴林、阿曼和叙利亚三国所获阿拉伯官方发展援助占对阿拉伯国家官方发展援助总额的绝大部分（超过70%）。但是，以叙利亚为例，来自阿拉伯国家的官方发展援助在叙利亚所获官方发展援助总额中的比例从20世纪70年代的90%急剧下降。在摩洛哥、黎巴嫩、也门和约旦等国家，来自阿拉伯国家的官方发展援助占其所获官方发展援助总额的20%—40%。然而，在约旦和也门，来自阿拉伯国家的官方发展援助仅在海湾战争前有所凸显，尽管黎巴嫩所获阿拉伯官方发展援助的份额仍然很重要，但已随着时间的推移而不断下降。最后，在约旦河西岸和加沙地带、索马里、苏丹、土耳其、埃及、毛里塔尼亚和吉布提等国家和地区，过去40年来，来自阿拉伯国家的官方发展援助仅占其所获官方发展援助总额的10%—20%。而且，在索马里、苏丹和土耳其，来自阿拉伯国家的官方发展援助的份额自1990年以来一直处于下降状态，而埃及所获阿拉伯国家发展援助自20世纪70年代以来一直处于下降状态。[①]

最后，有三点值得强调。第一，中东地区的区域内援助受到地缘政治因素的实质性影响。第二，尽管在第二次伊拉克战争之后，阿拉伯国家对该地区的官方援助有所复苏，但来自阿拉伯国家的官方发展援助金额远少于20世纪70年代末和80年代初期。第三，严重依赖外部援助的国家主要是从该地区以外的国家（例如美国）获得发展援助的。因此，就援助资本流动的再分配而言，中东地区似乎没有显现特别明显的一体化。

通过本章的分析，我们可以发现，从一定意义上讲，谈论中东地区的一体化事实上是一种错误的表达。根据上述分析，参考相关研究文献的观点，我们可以说，探讨中东地区的区域（逆）一体化过程似乎更为恰当。

实际上，与世界其他地区所经历的态势相反，中东地区仍然日益在实质性地分化，缺乏法律上和事实上的一体化。较之于欧洲、美洲和东亚这三大已经实现高水平的经济和制度一体化的区域而言，中东的区域一体化的匮乏更为明显。

基于对区域内援助流动的分析，我们可以看出，不宜夸大穆斯林“温麦”作为一体化持久道路的团结作用。实际上，该地区的官方发展援助似乎主要取决于地缘政治因素考量。此外，阿拉伯国家并没有提供主要的财政支持。

有鉴于此，我们可以说，在全球化时代，中东地区显然缺乏经济和政治一体化。因此，中东地区是全球化进程中缺乏区域化和全

① World Bank, *Arab Development Assistance: Four Decades of Co-operation*, p. 14.

球政治经济中经济边缘化悖论的明显案例。

总而言之，中东地区远没有赶上世界其他地区，似乎越来越被边缘化。实际上，对所有通常的一体化指标的分析表明，中东地区的边缘化程度不断提升。此外，30多年来，区域内贸易一体化水平也难言乐观。

第六章　边缘化社会给了政治伊斯兰发展空间

基于跨国主义的全球化概念去探析全球化进程中西亚北非地区的边缘化和一体化缺失时，需要强调的是：尽管从绝对意义上讲，全球化进程中的那些边缘化地区和国家在一定程度上改善和提高了它们的一些经济、社会发展指标，但对我们的分析至关重要的是，在相对条件下这些边缘化国家的状况如何。我们并不认为所分析的国家没有从全球化中获得任何好处，或者根本没有融入全球化进程之中！我们所关注并将进一步阐明的是：较之于其他国家，这些边缘化的地区和国家从全球化进程中获得的收益要少许多，相对而言，它们在全球政治经济中的状况越来越差。

本文所持跨国主义全球化定义意味着全球化是一个动态的过程，亦即全球化一旦激活，就会产生一系列循环效应。事实上，依赖于技术发展中心作用的全球化概念，要求整个社会成员不断进行知识和技能更新以跟上科学发展与技术进步。①

社会成员如果没有进行持续不断的知识和技能更新，尽管从绝对意义上讲也可能获得一些技能，但注定会在全球化进程中被逐渐淘汰和边缘化，因而其在全球化中的状况会越来越糟糕。

在获取知识和技能更新方面的非均衡性态势使得社会和地理意

① J. H. Mittelman, *The Globalization Syndrome: Transformation and Resistance*, p. 88.

义上的财富分配出现两极分化。那些已经获得教育和职业体系培训并且有经济条件继续接受更长时间教育的社会和社会阶层，在全球政治经济中通常会有更好的地位和前景。相反，社会底层和弱势群体，特别是那些生活在全球化边缘地区的人，将因为在世界快速发展进程中无法获得全球化进程所需新技能而被抛弃。社会和地理意义上的贫富差距会不断加大，这势必导致“全球化进程中的边缘化”悖论。事实上，正如米特曼所言：“无论是在富国还是在穷国，越远离全球经济，它们在福祉、财富和社会保障方面就越差。这些分化不仅存在于国家之间，而且存在于一国之内的不同群体之间。”①

有鉴于此，在本章的第一部分中，将致力于探讨阿拉伯世界的技术一体化水平（抑或技术边缘化程度）以及获取全球化进程所需技能的能力。

一、中东地区的技术边缘化

技术创新，尤其是信息和通信技术创新是全球化不可或缺的一部分。虽然这些技术创新是在全球范围内进行的，但这并不意味着是在世界上所有的地区和国家间均衡地发生，并且差距越拉越大。此外，技术发展并非是偶然发生的，而是根植于社会和制度的发展，因而更可能发生在那些努力培育和促进其发展的社会之中，不太可能发生在已经处于落后状态的国家和社会环境之中。② 这是一种典型的马太效应，亦即使强者越发自我强大，使失败者的状况越发糟糕。

---

① J. H. Mittelman, *The Globalization Syndrome: Transformation and Resistance*, p. 122.

② P. Dicken, *Global Shift: Mapping the Changing Contours of the World Economy*, p. 76.

就阿拉伯世界而言，情形尤其如此。在过去几十年中，阿拉伯世界的技术一体化水平较低。完全致力于构建知识型社会的第二份《阿拉伯人类发展报告》的结论，亦即阿拉伯世界的技术发展和专业化状况非常糟糕，也印证和支持了这一点。

（一）技术发展与进步驱动全球化的理论诠释

全球化的定性定义提出了这样的假设，亦即“资本主义发展的当前阶段是由一些技术成就所决定的，这使得其不同于世界经济发展中的任何其他阶段”。有学者将目前的阶段称为第五个康德拉季耶夫周期（Kondratiev wave, K-wave）的早期阶段，亦即数字、信息和通信技术阶段。每个康德拉季耶夫周期以多维度来显现：其一，主要的“载体”分支；其二，基础设施；其三，新技术经济范式为先前问题提供的解决方案；其四，企业组织、合作和竞争形式；其五，对我们的研究和分析最为重要的维度，亦即地理核心区域。地理核心区域很显然并不包括中东地区。第五个康德拉季耶夫周期概况见表6.1。[①]

① P. Dicken, *Global Shift: Mapping the Changing Contours of the World Economy*, p. 79.

表6.1 第五个康德拉季耶夫周期

主要的“载体”分支	基础设施	新技术经济范式为解决先前问题提供的解决方案	企业组织、合作和竞争形式	地理核心区域
计算机、数字信息技术、互联网、软件、电信、光纤、机器人、陶瓷、生物技术	数字网络、卫星	灵活的制造系统、网络、经济规模、电子控制系统和组件、系统化、设计、生产和营销的一体化	企业的网络越来越多地基于计算机网络和密切的技术合作、质量控制、培训、投资规划和生产计划（零库存）	日本、美国、德国、瑞典、欧洲其他地区、中国台湾、韩国、加拿大、澳大利亚

资料来源：P. Dicken, *Global Shift: Mapping the Changing Contours of the World Economy* (New York: Guilford, 2011), p. 5。

（二）全球信息通信技术的发展

日渐显现重要性的技术创新是全球政治经济一体化的动力，是确定一个国家或地区融入全球一体化程度的重要指标。学术界和国际社会存在一个普遍性共识：电信技术革命、互联网和数字资源的广泛使用不仅促进了一般的通信交流，而且促进了学习和生产过程，是当前全球发展中最重要的技术创新。[①] 然而，全球范围内信息通信技术的普及程度是极不均衡的。技术创新不仅使地球时空表面出现普遍意义上的缩小，相对而言，亦加剧了世界上某些地区的边缘化。因此，数字鸿沟越来越多地成为某些国家和地区，尤其是发达国家的大都会地区较之于其他地区的特权。此外，由于现在信息通信技术对于获取重要信息和知识至关重要，因而其在全球范围内不均衡

① P. Dicken, *Global Shift: Mapping the Changing Contours of the World Economy*, p. 80.

的分布构成了日益严重的社会和发展问题。[①]

国际电信联盟在2013年发布的数据证实，发展中国家与发达国家之间存在明显的技术鸿沟。就获取信息通信技术而言，亚洲是世界上增长最快的区域，占2013年所有移动电话/设备用户的一半以上。

此外，虽然2008—2013年固定宽带服务费大幅下降，但在发展中国家，住宅固定宽带服务费用仍然非常昂贵，占人均月国民总收入的30%以上。而在富裕国家，这一比例则只占1.7%。在一些发展中国家，这一数字超过50%。2018年的国际电信联盟报告显示，2018年全球互联网用户规模达到39亿人，互联网渗透率由2013年的36.9%增长至2018年的51.2%。[②]

全球互联网发展水平存在着地区差异。发达国家的互联网用户数从2005年的51.3%增加至2018年的80.9%；发展中国家互联网用户数从2005年的7.7%增加到2018年的45.3%。就区域发展而言，非洲互联网用户增长速度最快，从2005年的2.1%增长至2018年的24.4%，而欧洲的增速最低。

到2018年，发展中国家的互联网发展速度很快，但较之于发达国家和地区，其发展水平依然存在明显差距。不仅如此，全世界尚未连通互联网的11亿户家庭中，有90%分布在发展中国家。尽管2018年全球互联网用户已经有39亿，占全球人口总数的51.3%，但这也意味着全球77.5亿人中仍然有37.7亿人处于“脱机”状态，他们绝大多数分布在发展中国家和地区。

---

① P. Dicken, *Global Shift: Mapping the Changing Contours of the World Economy*, p. 95.

② 艾瑞咨询：《2019年全球互联网通信云行业研究报告》，艾瑞咨询系列研究报告2019年第5期。

此外，高速宽带互联网接入的差距仍然存在。访问速度方面表现最佳的亚洲国家和地区是韩国、中国香港和日本。非洲国家的状况不容乐观。①

最后，在发展中国家，使用互联网的性别差距仍然非常显著，使用互联网的女性比男性少16%，而发达国家的这一数字为2%。②

（三）联合国确定的41项核心信息通信技术指标

对所谓的信息和通信技术指标的分析，可以帮助我们确定一个国家或地区是否跟上了全球化进程。联合国在2008年确定了41项核心信息通信技术指标，分为四组，第一组：信息通信技术基础设施和接入的12项指标；第二组：个人家庭获取和使用信息通信技术的13项指标；第三组：商业企业使用信息通信技术的12项指标；第四组：信息通信技术行业和信息通信技术产品贸易的4项指标。

（四）中东国家的信息通信技术状况

在新技术获取方面，较之于发达国家甚至亚太地区的发展中国家而言，西亚北非地区尤其是埃及、利比亚和突尼斯三个案例国家毫无疑问处于明显落后状态。

以第一组指标，亦即信息通信技术基础设施和接入为例，埃及、利比亚和突尼斯的排名非常靠后。就每100位居民中的固定宽带用户数量而言，2010年三国的形势非常糟糕，埃及不到2户，利比亚约为1户，突尼斯未达到5户。同年，英国的这一数值为31户。

---

① ITU, "ICT Facts and Figures," http://www.itu.int/ITU-D/ict/facts/material/ICTFactsFigures 2013.pdf, accessed March 7, 2013.

② ITU, "ICT Facts and Figures," http://www.itu.int/ITU-D/ict/facts/material/ICTFactsFigures 2013.pdf, accessed March 7, 2013.

就个人和家庭获取信息通信技术而言，最新数据显示，三国的状况同样不容乐观。2011年，埃及拥有计算机的家庭占比约为36.4%，使用计算机的个人比例为32.4%。只有30.5%的埃及人可在家上网，与之形成鲜明对比的是，英国的这一比例高达85.1%。在突尼斯，情况更加糟糕，只有19.1%的家庭拥有计算机，只有11.4%的人可在家使用互联网。2011年，在突尼斯使用计算机的个人比例仅为24.9%，使用互联网的甚至更少，只有17.1%。在利比亚，2010年互联网用户比例估计为14%。①

就企业使用信息通信技术而言，联合国贸发会议和欧洲统计局的数据显示，全球企业使用信息通信技术的情况与前文提到的全球居民家庭使用信息通信技术状况一样。在发达经济体中，计算机和互联网被广泛应用于生产经营活动之中。在发展中国家和转型经济体中，使用计算机或互联网的员工比例远低于使用计算机或互联网的企业比例。这意味着与信息通信技术有关的企业中，并没有多少员工经常使用计算机和互联网。在中东地区，仅就可获取相关统计数据的埃及而言，截至2007年底，拥有互联网办公条件的企业比例为53%，而欧盟25国的这一数值为93%。在埃及，使用计算机的员工比例为18%，只有10%的员工使用互联网。而在欧盟25国中，上述指标的数值分别为49%和37%。②

就信息通信技术行业和信息通信技术产品贸易的核心指标而言，实际上，中东地区发展中国家的高科技产品（航空航天、计算机、制药、科学仪器和电机等高研发强度产品）出口的比例非常低，仅占制造业产品出口的3.2%。埃及的这一数值仅为0.9%，这意味着

① ITU, “ICT Facts and Figures,” http://www.itu.int/ITU-D/ict/facts/material/ICTFactsFigures 2013.pdf, accessed March 7, 2013.

② UN, “The Global Information Society: A Statistical View,” p. 55.

几乎不存在高科技产品出口。突尼斯的这一数值约为5%。同期，中国的高科技产品出口占其出口总量的27.5%，英国约为21%，美国为19%。

更能显示中东国家技术饥荒程度的指标是与每百万居民的专利数量有关的数据。埃及、利比亚和突尼斯三国基本上没有产生任何新专利，因而无法以重要的方式促进技术发展与进步，自然也就无法在全球化进程中高效地促进自身社会经济的发展。

如果说知识和信息事关一个国家和地区融入全球化进程程度的关键，那么重视和研究基础教育指标以及在教育中使用信息通信技术的指标就显得异常重要了。正如联合国地区发展署发布的《阿拉伯人类发展报告》中所言："知识型社会就是知识传播、生产和应用成为人类各个方面活动的组织原则的社会：文化、社会、经济、政治和私生活。"然而，在阿拉伯国家，诸如教育和社会化等关键知识的传播过程受到社会、经济、体制和政治方面因素的严重制约，[①] 尤其是经济资源的日益减少限制了个人、家庭和机构获取知识生产所必需的认识论和社会技能的可能性。

在过去的几十年中，尽管阿拉伯国家的教育有所发展，但较之于其他发展中国家仍然存在不足，无法满足知识社会的要求。[②] 例如，2010年阿拉伯世界的成人识字水平仍低于发展中国家的平均水平。许多儿童仍缺乏接受基础教育的条件，中东地区的公共教育支出实际上已从2002年占政府公共支出的22%左右下降到2008年的

① United Nations Development Programme, Regional Bureau for Arab States, *Arab Human Development Report 2003: Building a Knowledge Society*, p. 39.

② United Nations Development Programme, Regional Bureau for Arab States, *Arab Human Development Report 2003: Building a Knowledge Society*, p. 3.

16%。[①]

不仅如此，就教育中使用信息通信技术的一些指标而言，中东国家的情况也不乐观。例如，在突尼斯，2008年只有40%的学校拥有电话，可以上网。

在上述一系列不利因素的综合作用下，阿拉伯国家的教育面临着质量实质性下降这一最主要的挑战。在埃及进行的一项广泛实地调查显示，应该在小学阶段掌握的阅读与写作能力和数学基本技能，掌握率极低，分别约为40%和30%。[②]

总而言之，上述指标数据表明，也足以证实，就抓住全球化进程所需技术和教育而言，无论是整个中东地区还是所分析的案例国家普遍做得不好。当然，亦不能仅将这些指标视为评估一个地区边缘化的依据，还需要其他证据进行佐证。

二、中下阶层在全球化进程中的边缘化

按照前文提及的跨国主义者的观点，重建生产带来的灵活分工依赖于特定地区的技术、经济结构的变化，驱动着这一地区市民社会的文化变革。在跨国主义者看来，“全球化是一个影响市民社会、改变社会制度并促成建立新社会关系的辩证、动态的过程。生产系统的灵活分工模式需要与市民社会建立密切关系，社会文化制度在其中就显得特别重要了，因为其既可能发挥制约作用，亦可能是潜

① Leila Simona Talani, *The Arab Spring in the Global Political Economy*, p. 86.

② United Nations Development Programme, Regional Bureau for Arab States, *Arab Human Development Report 2003: Building a Knowledge Society*, pp. 55, 59.

在的促进因素”。[①]

事实上，全球化对阿拉伯国家的影响，特别是对陷入危机的民族国家的影响，为致力于获取国内政治经济霸权的新社会经济集团的形成创造了条件。这是基于伊斯兰教等替代性意识形态的不同社会经济集团间的联盟，即“不满”的中产阶级与“被剥夺的”社会底层之间的新联盟。[②] 相关研究文献认为，中东的中产阶级大多是公务员，他们因国家政权在社会经济治理中的权力退却而愤愤不平。[③] 专业技术人员和中小企业家，有时甚至是明确的伊斯兰企业加入其中使这种情况更加复杂。[④] 实际上，大多数小企业主都属于“无助的”下层阶级。就中产阶级的商业构成而言，无论是在埃及还是在突尼斯，国家资本更愿意与国际资本而不是普遍较弱的当地中小资本结盟。换而言之，“民族资产阶级，只要允许其存在，就会屈服于国家以及国家资本主义的要求”。[⑤]

即使为了应对全球化引发的经济结构调整，从普遍意义上讲，诸如埃及、突尼斯等国推行的深度自由化政策，亦未能让与政权没有联系的本国私营中小企业适应新形势并从中受益。[⑥] 全球化进程中的被剥夺者往往是穷人，亦即那些因为没有资产而无法进入市场以

---

① J. H. Mittelman, *The Globalization Syndrome: Transformation and Resistance*, pp. 122, 123.

② D. Harvey, “The Right to the City,” *New Left Review*, no. 53 (September–October 2008): 27.

③ M. Said, “The Fall and Rise in Wage Inequality in Egypt: New Evidence from the ELMPS, 2006,” ERF Working Paper Series, WP 0708, Economic Research Forum, 2007, p. 5.

④ O. Schlumberger, “Economic Reform, Economic Order, and Development: Patrimonial Capitalism,” *Review of International Political Economy* 15, no. 4 (2008): 29.

⑤ N. Ayubi, *Over-stating the Arab State: Politics and Society in the Middle East*, p. 180.

⑥ N. Ayubi, *Over-stating the Arab State: Politics and Society in the Middle East*, p. 335.

获取和满足其基本需求的人。[①] 换而言之，最新的一系列经济重组举措主要影响了社会的中下阶层。[②]

三、中东地区社会转型促进了政治伊斯兰的发展

在中东的国家主义政权中，中下层阶级在政治领域以及社会经济和文化领域均越来越被边缘化。在许多第三世界国家，边缘化是一个重要现象，不仅是因为规模庞大的无产阶级的存在，而且因为存在受教育者失业（或就业不足）这一危险现象。这种边缘化是诸如政治伊斯兰等抗议运动产生的重要温床。在阿拉伯世界，伊斯兰教逐渐成为处于边缘化的中下阶层的共同意识形态，以及他们的身份和认同的基础，并且最有可能成为他们的社会关系和网络介质。换句话说，伊斯兰教成了他们社会资本的源泉。而处于执政地位的权力集团在意识形态上的弱化进一步加剧了这种状况。执政集团在意识形态上的弱化限制了其在市民社会中获得主导权。[③] 因此，在这种情况下，全球化对中东地区市民社会的影响是，促使市民社会中处于边缘化的阶层在伊斯兰教这一共同意识形态的组织下形成新的社会经济联盟。

事实上，在2010年开始的大规模社会动荡浪潮爆发之前，许多研究阿拉伯问题的学者就已经注意到，20世纪90年代阿拉伯社会经

---

① J. Clark, *Islam, Charity and Activism* (Bloomington: Indiana University Press, 2004), p. 11.

② N. Ayubi, *Over-stating the Arab State: Politics and Society in the Middle East*, p. 352.

③ N. Ayubi, *Over-stating the Arab State: Politics and Society in the Middle East*, p. 399.

历了根本性的变化。[①] 例如，在埃及，经济危机、经济结构调整和全球化逐渐破坏了纳赛尔统治时期建构的国家主义秩序。这些变化实质性弱化了这些国家的政府对经济和社会的掌控能力，而公共部门的退出和补贴制度的逐步消亡又进一步削弱了这种业已弱化的掌控能力。[②] 毫无疑问，这些转变也逐步侵蚀了使相关阿拉伯政权具有合法性但是业已弱化的政治意识形态共识。这种意识形态共识中的“法治”这一自由主义观念日渐受到政治伊斯兰提出的伊斯兰治理观念的挑战。总而言之，由于全球化给中东地区带来一系列中央政府未能很好应对的挑战和压力，既有的政体日渐陷入困境，并因之受到基于伊斯兰教的另类政治意识形态越来越多的挑战。[③]

此外，无论是在学者之间，还是在伊斯兰教内部，伊斯兰教在社会和政治生活中的作用均是一个备受争议的话题。就其基本原则而言，伊斯兰教可以被视为一个统一的整体。然而，有关伊斯兰教的次级训令以及相关伊斯兰教文本的目标，则存在无数种解读。某种程度上，在穆斯林占人口多数的社会里，专家通常会以复数形式谈论“伊斯兰”，以强调伊斯兰社会和文化背景的多样性。正如拉马丹所言，“伊斯兰文明”这一概念的含义正是如此：一个单一的伊斯兰教，多样化的解释和多元化的文化。[④]

政治伊斯兰既无单一的形式，亦无统一的版本，其内涵特征随

---

① B. Rutherford, *Egypt after Mubarak: Liberalism, Islam, and Democracy in the Arab World* (Princeton, NJ: Princeton University Press, 2008), p. 2.

② N. Ayubi, *Over-stating the Arab State: Politics and Society in the Middle East*, p. 339.

③ B. Rutherford, *Egypt after Mubarak: Liberalism, Islam, and Democracy in the Arab World*, p. 2.

④ T. Ramadan, *The Arab Awakening: Islam and the New Middle East* (London: Allen Lane, 2012), pp. 44, 72, 74.

着时代的变迁亦不断变化。[①] 国内有学者将之分为伊斯兰原教旨派、伊斯兰温和派和消极世俗派三个派别。[②] 政治伊斯兰的起源可追溯到19世纪后期的泛伊斯兰主义、反殖民主义的改革派，他们对20世纪的伊斯兰思想产生了重大影响。[③] 按照他们的观点，穆斯林不得不回归他们的宗教教义，获得他们的从属意识，并摆脱殖民主义的枷锁。从这个角度来看，伊斯兰教作为一种宗教被引入，并在反殖民主义运动以及穆斯林占多数的国家中发挥至关重要的作用。

要理解政治伊斯兰“占领”市民社会领域的能力，极为重要的一点是，要认识到它不仅起源于一种法律、社会运动，而且从未违背通过群众教育自下而上地改造整个社会，进而将国家重组为伊斯兰国家的社会改革初衷。[④]

的确，宗教与主权之间的关系问题，抑或宗教与世俗权力的边界问题是全球所有国家在实现治理体系和治理能力现代化进程中都可能面临的重要挑战，[⑤] 其也一直是阿拉伯国家中存在争议的问题。将伊斯兰教法迁移到没有神学影响的法律体系中被证明依然是极其困难的，因为国家的立法机关规定伊斯兰教是国教，公民就不能自由地选择他们的宗教信仰，也不能没有信仰。

在确定阿拉伯世界里的政治伊斯兰力量在市民社会中的角色、在社会中的渗透程度以及他们取代国家提供公共产品的能力方面，

---

① Mohammed Ayoob, *The Many Faces of Political Islam: Religion and Politics in the Muslim World* (An Arbor: The University of Michigan Press, 2008), pp. 1-22.

② 卢云:《审思政治伊斯兰：类型、特征与影响》,《文化纵横》2018年第2期。

③ J. Clark, *Islam, Charity and Activism*, p. 13.

④ J. Clark, *Islam, Charity and Activism*, p. 11.

⑤ 李兴刚:《以色列哈雷迪犹太人及对以色列的影响研究》,《区域与全球发展》2018年第4期。

《阿拉伯人类发展报告》可资参考。其是在联合国开发计划署的主持下，由一批著名的阿拉伯问题学者和知识分子共同编写。到目前为止，共发布了6份报告。其中相关内容均认为，整个中东地区的政治伊斯兰力量越来越多地获得民众的广泛支持，政治伊斯兰力量提供了有效的服务网络，并且拥有不断增长的动员伊斯兰信众的强大能力。

正如2002年的报告所强调的，阿拉伯世界有一个基于瓦克夫（Waqf）体系的非常稳定的宗教民间社会组织传统。自19世纪末以来，这一传统催生了伊斯兰文化协会和慈善机构，这些机构遵照政治伊斯兰方案，大量参与教育活动，提供医疗保健和其他社会、宗教事务服务。这些组织过去在市民社会中的活动即便没有被国家禁止，至少受到了某种程度的限制。但是后来，随着中东社会经济的发展，这些组织开始了强有力的复兴，近几十年来尤其如此。出现这一状况的原因在于，新自由主义经济结构调整使相关国家的政府体系在提供类似服务上的难度越来越大，抑或如相关报告中提及的，在困难时期需要帮助的公共部门和政府当局或多或少地鼓励了他们的发展。[①]

相反，非宗教民间社会组织在有效发挥其作用和功能方面却遇到了一系列的外部限制。具体体现在如下几个方面：其一，政府当局和公共部门以控制民间协会的形式强制实施官僚主义限制；其二，正如《阿拉伯人类发展报告》指出的，非宗教民间社会组织在各方面都出现了功能失调：内部缺乏民主，妇女和青年的参与程度较低，权力集中在个别人（通常是该组织的创始人）手中，这一切通常导

① United Nations Development Programme, Regional Bureau for Arab States, *Arab Human Development Report 2022: Creating Opportunities for Future Generations*, p. 109.

致组织出现冲突和分裂；其三，非宗教民间社会组织在决策过程中缺乏透明度，无法和平解决争端；其四，在行政管理方面，非宗教民间社会组织亦未遵守明确的管理和问责规则。所有这些缺点都导致了非宗教民间社会组织在获得资助以开展活动方面遇到许多问题。相反，具有宗教背景的民间协会在保持财务独立方面比较成功。情况之所以如此，原因有二：其一，宗教民间社会组织在社会中享有可信度和合法性；其二，宗教民间社会组织的行为符合传统的阿拉伯和穆斯林民间行为准则；其三，宗教民间社会组织通常能够将自身活动与诸如福利和慈善之类的活动有机联系；其四，宗教民间社会组织的任务是明确的，它们的社会影响是直接的，满足了人民迫切的和敏感的需求；[①] 其五，宗教民间社会组织可以依靠“天课”名义下的私营部门捐款以及提供某些收费服务。

阿拉伯世界的宗教民间社会组织与其他更多以宣传为导向的非宗教民间社会组织显然不同。这些非宗教民间社会组织很大程度上提供了与社会需要不相称或至少不受社会赞赏的功能或服务，很容易引起私人捐助者的不信任，从而与市民社会和行政当局形成敌对关系，并且不得不严重依赖国际捐助者提供的资金。这进一步加深了公众对其行为的疑虑，并增加了他们与那些既不自愿参与活动亦不提供经济支持的国内社会行为体之间沟通的难度。[②]

在整个中东地区，可以说只有伊斯兰慈善机构和社会福利组织在满足穆斯林群体的社会经济需求方面发挥着主导作用。在一些资源匮乏而且穆斯林占人口多数的阿拉伯国家，随着民族国家危机的

---

① United Nations Development Programme, Regional Bureau for Arab States, *Arab Human Development Report 2022: Creating Opportunities for Future Generations*, p. 110.

② United Nations Development Programme, Regional Bureau for Arab States, *Arab Human Development Report 2022: Creating Opportunities for Future Generations*, p. 110.

出现，伊斯兰慈善机构和社会福利组织的作用日渐凸显，它们不仅渗透进最为贫穷的社会阶层，而且渗入社会中的中产阶层。相关学者的实证研究亦证明了这一点。克拉克通过对埃及伊斯兰医疗诊所、约旦伊斯兰慈善协会中心、也门伊斯兰妇女慈善协会的研究发现，它们由中产阶层运营，并服务于中产阶层的利益。① 正如相关文献中经常强调的那样，伊斯兰社会机构不仅是征服下层社会的一种手段，而且在提供社交网络方面发挥着越来越重要的作用，这些网络加强了中产阶层不同群体之间以及中产阶层与下层社会之间的联系。②

上述情形毫无疑问有助于伊斯兰思想在这些阶层中的传播，促使基于伊斯兰教而非其他更世俗的意识形态的新社会和政治运动出现。正如克拉克所言："伊斯兰社会机构不仅是对国家履行其职责的挑战，也是对世俗国家本身的挑战。它们代表了一个基于伊斯兰教的、对国家和社会而言具有可替代性的组织——一个具有潜在革命性的组织。"③

四、政治伊斯兰力量在北非三国的发展

（一）埃及政治伊斯兰力量的发展

作为埃及政治伊斯兰力量的典型代表，穆斯林兄弟会可谓非常重要的伊斯兰组织，无疑也是比较成功的政治伊斯兰力量。④ 在行使

① B. Rutherford, *Egypt after Mubarak: Liberalism, Islam, and Democracy in the Arab World*, p. 55.

② J. Harrigan and H. El-Said, *Economic Liberalization, Social Capital and Islamic Welfare Provision* (London: Palgrave, 2009), p. 2.

③ J. Clark, *Islam, Charity and Activism*, p. 5.

④ 李兴刚：《眺望中东：从现实到历史》，第81页。

精神哈里发之职权的奥斯曼帝国消亡之后的1928年3月，穆斯林兄弟会在埃及伊斯梅利亚正式创立。穆斯林兄弟会的目标从一开始就非常明确而具体，首先是回归伊斯兰教，亦即通过大众教育、社会和经济改革以及逐步实施伊斯兰立法等自下而上的战略来实现，最终目标是建立一个"伊斯兰国"。[①] 为了实现这一新的道德、社会和法律秩序，班纳设想的方案要求彻底改变教育系统与方式，例如要求小学附属于清真寺，禁止组建政党，公务员接受宗教培训。显而易见的是，政治伊斯兰力量，尤其是以穆斯林兄弟会为代表的政治伊斯兰力量，从建立的那一刻起就有明确的议程和目标，亦即在建立"伊斯兰国"之前征服市民社会。其并没有将自身定位为一个政党，而是定位为一个以替代国家为目标的、团结一致的社会和教育组织。[②] 最终，班纳的思想观念超越了国界，在整个阿拉伯世界赢得了数百万支持者。[③]

穆斯林兄弟会从一开始就是一个在没有完全获得国家提供的公共产品的社会阶层中间积累宗教社会资本的社会组织。20世纪60年代初，作为对纳赛尔巩固权力的回应，穆斯林兄弟会中更激进的分支开始从幕后走向前台。穆斯林兄弟会因此分化为不同的派别和分支，既包括温和力量，亦即主要在社会和法律方面扶危济困的分支，也包括发端于20世纪50年代、在60年代虽遭纳赛尔严厉镇压但更为激进的分支。[④] 伴随着埃及社会中国家角色的逐渐退却以及逐步减少对中产阶层的社会服务，作为功能性替代的穆斯林兄弟会在社会

---

① T. Ramadan, *The Arab Awakening: Islam and the New Middle East*, p. 75.

② B. Rutherford, *Egypt after Mubarak: Liberalism, Islam, and Democracy in the Arab World*, p. 78.

③ T. Ramadan, *The Arab Awakening: Islam and the New Middle East*, p. 75.

④ T. Ramadan, *The Arab Awakening: Islam and the New Middle East*, p. 78.

团结系统中的影响力大大增强。[①]

对埃及穆斯林兄弟会而言，这一社会维度变得更加重要。如果说在纳赛尔和萨达特政权期间穆斯林兄弟会的战略仅限于以暴力反抗世俗政权，以及通过聚焦教育等来“征服”市民社会的基层方案，那么到了穆巴拉克政权期间，特别是从20世纪90年代初开始，它逐渐深入埃及社会的各个角落和领域，可谓无处不在。[②] 穆斯林兄弟会不仅领导着埃及的记者协会和各大学的学生会，还领导着各种专业协会。埃及政府在维持对经济的控制以及保障一些贫困地区的最基本社会服务方面遇到的困难越多，穆斯林兄弟会通过建立基于伊斯兰教规则和价值观的伊斯兰学校、医疗诊所以及信用合作社来干预和取代政府的可能性就越大。[③] 而且，这种学校、医院和社会服务的替代网络得到了所谓的“伊斯兰商业部门”的大力支持。[④] 当然，确定支持伊斯兰社会机构的外部资金来源不是本部分内容探讨的主题，在此就无须赘述。

尽管普遍认为，在埃及的此次社会动荡中，开罗解放广场2011年1月25—28日的抗议活动的确非穆斯林兄弟会以及其他伊斯兰主义者所领导，但通过社会动荡浪潮来推翻埃及世俗政权应该是穆斯林兄弟会所祈祷的目标。埃及问题学者哈米德亦有此认知：“对于埃及穆斯林兄弟会的成员而言……‘阿拉伯之春’可能并非完全由他

---

① J. Clark, *Islam, Charity and Activism*, p. 11.

② A. Jamal, *Barriers to Democracy: The Other Side of Social Capital in Palestine and the Arab World* (Princeton, NJ: Princeton University Press, 2007), p. 23.

③ B. Rutherford, *Egypt after Mubarak: Liberalism, Islam, and Democracy in the Arab World*, p. 78.

④ N. Ayubi, *Over-stating the Arab State: Politics and Society in the Middle East*, p. 408.

们制造，但肯定是他们祈祷的答案。”[①]

事实上，穆斯林兄弟会领导人在最初还是颇为小心和谨慎地指示他们的武装力量，不要在解放广场上大声呼喊明确的伊斯兰主义口号，以避免给美国和西方国家以打击“伊斯兰主义威胁”为名实施干预提供口实。当然，穆斯林兄弟会在这场事关埃及未来的大众抗议浪潮中还是通过如下巧妙的方式显示了其存在和影响，比如为抗议者提供医疗服务，保护抗议参与者免受暴力镇压，维持抗议活动的现场秩序。[②] 2011年2月11日，被穆巴拉克新任命为副总统（亦即指定接班人）的奥马尔·苏莱曼通过埃及电视台宣读了如下声明：“考虑到国家现在面临的困难局势，总统穆罕默德·胡斯尼·穆巴拉克已经决定离开共和国总统岗位，并已责成武装部队最高委员会来管理国家事务。”[③] 然而，埃及的社会动荡以及穆巴拉克的最终倒台让以穆斯林兄弟会为主的埃及政治伊斯兰力量看到走近埃及政治舞台中央的机会和可能。

在2011年底的埃及议会选举中小试牛刀并大获全胜之后，历经两轮总统选举投票，最终在2012年6月24日，埃及穆斯林兄弟会在埃及政治舞台上的变体和代言人——自由与正义党的候选人穆罕默德·穆尔西在总统大选中获胜。

然而，以穆尔西为代表的埃及政治伊斯兰力量在埃及推行的伊斯兰色彩鲜明的政策举措最终使埃及世俗派政治力量异常恐惧和担忧。于是，他们与埃及军方联手在2013年7月3日将穆尔西赶下台。

---

① K. M. Pollack (ed.), *The Arab Awakening: America and the Transformation of the Middle East*, p. 111.

② K. M. Pollack (ed.), *The Arab Awakening: America and the Transformation of the Middle East*, p. 112.

③ James L. Gelvin, *The Arab Uprisings: What Everyone Needs to Know*, p. 54.

但这并不意味着埃及政治伊斯兰力量在埃及政治舞台和权力场上的终结，只不过是其曲折发展进程中的新波折。

（二）突尼斯政治伊斯兰力量的发展

与埃及的情形截然不同，突尼斯在提供社会福利方面的缩减程度并不像埃及那么明显，而且由于对市民社会采取了管制政策，从总体上看，包括伊斯兰组织在内的民间社会团体并没有在社会问题上显现出活跃度。[①]

突尼斯的政治伊斯兰反对派突尼斯复兴运动（Al Nahda）可谓布尔吉巴政府相关政策的直接产物。在20世纪70年代早期，为了对冲和平衡突尼斯的世俗民间社会团体的影响力，突尼斯总统布尔吉巴作出决定，允许组建伊斯兰教团体“维护《古兰经》协会”（the Preservation of the *Koran*）。[②] 这个协会最初的活动仅限于维护宗教信仰和道德遵循。但是，到了20世纪70年代后期，随着全球性经济危机的出现，突尼斯的伊斯兰主义者开始提出一个面向工会和工人的更为宏大的社会经济计划。[③] 在此背景下，突尼斯伊斯兰复兴运动（Islamic Tendency Movement）于1981年顺势而生。这意味着，突尼斯的伊斯兰力量对政治的关注和涉入接踵而至。当然突尼斯伊斯兰复兴运动的出现尤其是政治伊斯兰的迅猛崛起亦引起布尔吉巴政府的高度警惕和不安，不仅没有给予其合法性承认，而且不时对之予

---

① J. Harrigan and H. El-Said, *Economic Liberalization, Social Capital and Islamic Welfare Provision*, p. 3.

② J. Harrigan and H. El-Said, *Economic Liberalization, Social Capital and Islamic Welfare Provision*, p. 4.

③ C. Alexander, “Back from the Democratic Brink: Authoritarianism and Civil Society in Tunisia,” *Middle East Report* (October–December 2000): 89.

以打压。[①] 1987年突尼斯发生了政权更替，本·阿里走向突尼斯政治舞台的中央。在本·阿里释放数千名伊斯兰主义者之后，伊斯兰复兴运动更名为觉醒党，希冀获得梦寐以求的政府承认。然而，在伊斯兰主义独立候选人赢得14%的选票而所有其他反对派团体仅仅获得5%的选票之后，觉醒党遭到了本·阿里政权的残酷镇压。大批觉醒党骨干流亡欧洲或者被捕入狱，该组织在突尼斯本土几乎销声匿迹。[②] 任何其他形式的独立民间社会活动也都被取缔。[③] 因此，从本·阿里上台以来突尼斯政权的镇压中可以看出，突尼斯的政治伊斯兰力量无法像埃及穆斯林兄弟会那样积极参与当地的社会和慈善活动。

普通突尼斯人亦承认，突尼斯是阿拉伯世界最为世俗化的国家。但此次社会动荡爆发之前，突尼斯社会的再伊斯兰化至少持续了十年之久。驱动伊斯兰教回归的一个至关重要的因素是全球化和经济重构带来的负面影响。伊斯兰复兴运动领导人拉希德·格努希就曾明确谴责全球化带来的经济重构在“边缘化最弱势群体”，而“有利于最强大的群体”。[④] 因此，“觉醒党所吸引的正是那些被边缘化而不知道心归何处的突尼斯人”。[⑤]

突尼斯社会动荡爆发之后，觉醒党乘机重建了其在国内的组织

---

① J. Harrigan and H. El-Said, *Economic Liberalization, Social Capital and Islamic Welfare Provision*, p. 169.

② 卢云：《审思政治伊斯兰：类型、特征与影响》，《文化纵横》2018年第2期。

③ B. Hibou, *The Force of Obedience: The Political Economy of Repression in Tunisia* (Malden, MA: Polity Press, 2011), p. 113.

④ J. Harrigan and H. El-Said, *Economic Liberalization, Social Capital and Islamic Welfare Provision*, pp. 171, 173.

⑤ K. M. Pollack (ed.), *The Arab Awakening: America and the Transformation of the Middle East*, p. 112.

机构，成为突尼斯境内举足轻重的政治力量，在2011年突尼斯选举中获得37%的议会席位，一举成为议会第一大党。但是，由于经济增长乏力和国内政治斗争，觉醒党主导的内阁于2014年集体辞职。在同年议会选举中，该党屈居第二位。由于没有政党获得足够多票数以单独组阁，觉醒党加入了突尼斯议会第一大党呼声运动的执政联盟。2016年，呼声运动的多名议员由于内讧而辞职，觉醒党再度成为拥有议会席位最多的党派。① 在2019年的新一届突尼斯议会选举中，觉醒党在217个议会席位中获得52席，成为议会中的最大党。②

总而言之，就突尼斯的政治伊斯兰发展而言，虽然突尼斯政府残酷无情的镇压使伊斯兰运动无法控制民间社会以及建立宗教社会资本，但经济改革和全球化通常被认为是该国社会近年来再伊斯兰化的根源。③ 突尼斯近年来的政治发展状况也的确印证了这一看法。

（三）利比亚政治伊斯兰力量的发展

卡扎菲在掌权后不久就决定着手从利比亚社会中清除任何形式的民间社会组织。④ 毫无疑问，较之于其他阿拉伯国家的领导人，卡扎菲在利比亚推行此项政策更容易。深究其因，至关重要之处就是利比亚的社会历史文化显著的碎片化特征。

利比亚的社会历史文化为何呈现碎片化特征？深究其因，根源

---

① 卢云：《审思政治伊斯兰：类型、特征与影响》，《文化纵横》2018年第2期。

② 黄灵：《突尼斯议会选举最终结果揭晓》，http://www.xinhuanet.com/world/2019-11/09/c_1125210935.htm，访问日期：2022年10月31日。

③ J. Harrigan and H. El-Said, *Economic Liberalization, Social Capital and Islamic Welfare Provision*, p. 174.

④ D. Kawczynski, *Seeking Gaddafi: Libya, the West and the Arab Spring* (London: Biteback Publishing Ltd., 2011), p. 6.

在于意大利对利比亚的殖民活动。[①] 意大利人在殖民利比亚过程中，残酷无情地撕裂了利比亚社会，但没有建构任何新的社会机制进行替代。[②] 待到结束意大利的殖民化进程时，利比亚的民族国家共同体的建构尚未开启，亦未形成稳固的政治机构、有效的法律制度和完备的教育基础设施等基础。[③] 即便在利比亚能够看到市民社会的某些要素，这些要素也是与伊斯兰教的传播密切相关的。

在独立后的伊德里斯国王统治时期，穆斯林兄弟会设法从邻国埃及渗透进利比亚。虽然遭到了卡扎菲的严厉镇压和无情打击，但利比亚的穆斯林兄弟会在20世纪80—90年代仍然保持着活跃状态。尽管利比亚穆斯林兄弟会成员只是一小拨受过良好教育的专业人士和知识分子，但该组织在利比亚少有的几个民间社会组织中颇具典型性。20世纪90年代末，当卡扎菲政权最终决定完全粉碎它时，穆斯林兄弟会在利比亚的存在急剧减弱，由此转入地下活动或进入蛰伏状态。需要指出的是，卡扎菲政权造成利比亚伊斯兰力量的激进化以及进一步渗透进利比亚普通人的内心深处。[④] 在利比亚被西方孤立之后，这一形势进一步凸显，因为这种孤立导致利比亚的经济边缘化程度进一步加剧。[⑤] 毫无疑问，尽管其他因素如部落之争以及最重要的对石油的控制权问题使利比亚的情况更加复杂，但利比亚的再伊斯兰化等动

---

① D. Vandewalle, *A History of Modern Libya* (Cambridge: Cambridge University Press, 2012), p. 40.

② J. K. Marshall, *Libya: A Look into History* (Thomas R. Mann, Editor. Kindle edition, 2011), p. 66.

③ D. Vandewalle, *A History of Modern Libya*, p. 33.

④ D. Kawczynski, *Seeking Gaddafi: Libya, the West and the Arab Spring*, p. 67.

⑤ G. Simons, *Libya and the West: From Independence to Lockerbie* (Oxford: Centre for Libyan Studies, 2003), Chapter 1.

力将在后卡扎菲时代的利比亚政治和社会秩序建构中发挥作用。[①] 一个明显例证是，具有穆斯林兄弟会背景的“正义与建设党”在2012年7月的利比亚国民议会选举中一举成为第二大党。[②]

在利比亚的政治权力角逐中，政治伊斯兰力量于2013年5月主导利比亚国民大会通过《政治隔离法》。政治伊斯兰力量希冀以此主导后卡扎菲时代的利比亚政局。2012年1月提出的《政治隔离法》的其中一项条款规定，禁止任何与卡扎菲政权有关系的人员参与到后卡扎菲时代的利比亚政治进程之中。[③] 这是利比亚的政治伊斯兰力量对自身在卡扎菲时代的政治失势的一种报复，因为卡扎菲政权几乎从不邀请政治伊斯兰力量加入国家的政治体系。

2014年5月后，为了在利比亚纷繁复杂的权力角逐中确保自己的存在和利益，在利比亚处于主导地位的国民军开始冲击利比亚议会时，利比亚政治伊斯兰力量则呼吁亲伊斯兰的武装力量“利比亚之盾”保护利比亚议会的议员。而在这场反政治伊斯兰力量与政治伊斯兰力量之间的较量中，双方均有自己的外部支持力量。

在2014年6月25日的利比亚议会选举中，政治伊斯兰力量仅仅赢得了200个议席中的30个。此情之下，政治伊斯兰力量武装攻下了的黎波里，迫使利比亚议会逃往东部地区托布鲁克。

总而言之，全球化引发的经济重构限制了相关国家政权体系保护穷人和中产阶层的能力，这些国家政权体系对市民社会的镇压又

---

① J. K. Marshall, *Libya: A Look into History*, p. 69.

② 林海虹、田文林:《中东转型中的政治伊斯兰运动评析》,《现代国际关系》2013年第8期。

③ 《利比亚选举法草案出炉》,《解放日报》2012年1月4日，第6版。

造成严重的国家认同危机。这一切均在不同程度上增强了政治伊斯兰力量，同时破坏了埃及、突尼斯等中东地区资源贫乏国家的政权合法性。[①]

在中东国家的这波社会动荡浪潮爆发前夕，这一过程并非突然发生。在埃及，这显然是伊斯兰教在市民社会中深入渗透的结果。埃及的政治伊斯兰力量有培养社会资本以及在中低阶层内部建立完善的团结网络的能力[②]。

在资源匮乏的中东国家，能够增加社会资本的伊斯兰社会机构在不满的中产阶层和无助的穷人之间构建了横向和纵向的社会团结网络。然而，整个社会和国家的伊斯兰观念决定了这些社会资本的主导形式，它们既是对现状也是对更为世俗化的社会运动的替代性选择。在这些案例中，正如跨国主义者提出的，市民社会确实被全球化赋予了权力。然而，这有利于构建一个独特的伊斯兰社会资本，在替代现有政权抑或替代更世俗化的国家和社会方案这一愿景下，将中产阶层和较贫困的社会阶层更加紧密地团结在一起。[③]伊斯兰教作为一种意识形态，渗透到社会的中下层群体中，在他们中间形成新的社会经济联盟，或者像葛兰西所说的，成为一个新的社会经济历史集团。

在突尼斯，伊斯兰教深入渗透到市民社会中，是凝聚突尼斯中下阶层的强有力因素。然而，由于突尼斯政权所采取的高压政策，

---

① J. Harrigan and H. El-Said, *Economic Liberalization, Social Capital and Islamic Welfare Provision*, p. 2.

② A. Richards and J. Waterbury, *A Political Economy of the Middle East* (Boulder: Westview Press, 1998), p. 349.

③ M. Zahid, *The Muslim Brotherhood and Egypt's Succession Crisis* (London: I. B. Tauris, 2010), p. 87.

即严格控制市民社会和国家福利，所以不太可能通过基于信仰的福利提供和宗教社会资本形成替代世俗政权的伊斯兰方案。不过，突尼斯政府并不认可其他阿拉伯国家普遍存在的市民社会模式的发展，因而社会不满者特别是边缘化的社会阶层不满者日益增多，伊斯兰教日渐成为他们依靠的力量。虽然对伊斯兰社会制度和社会资本的发展采取事实上相反的态度，但埃及和突尼斯取得了完全相同的效果，赋予伊斯兰意识形态以权力，以反对现状和任何其他替代性意识形态/政治计划。

埃及和突尼斯的民族主义政权未能保证社会的繁荣，许多中下阶层人士便将政治伊斯兰力量的国家治理方案视作替代性选择。①

从本质而言，中东地区的民族国家危机是这里的全球化、区域一体化的缺失和市民社会特别是中下阶层逐步再伊斯兰化的结果。

① B. Rutherford, *Egypt after Mubarak: Liberalism, Islam, and Democracy in the Arab World*, p. 2.

第七章　全球化进程中突尼斯的经济困境

研究中东问题尤其是突尼斯问题的学者通常认为，突尼斯不太可能成为出现社会动荡的国家，这是因为从政治上看突尼斯似乎显现了其稳定性。本·阿里政权的确长期确保了突尼斯的政局和社会稳定。[①] 在经济上，突尼斯亦得到了世界银行等国际组织的肯定，这些机构的相关报告将突尼斯誉为地区发展的样板。在这波动荡之前，突尼斯一直被视为中东地区国家发展取得成功的典型。

在1987年11月发生的一场不流血的政变中，本·阿里取代布尔吉巴成为突尼斯新总统。前总统布尔吉巴在任期间采取了中东地区典型的威权主义统治方式，为了给推翻布尔吉巴的政变披上合法的外衣，本·阿里最初还是象征性地展现了一些民主政治的色彩，比如将宪政社会主义党更名为宪政民主联盟，不过，很快本·阿里政权就恢复了将高压政策作为维持其权力和政局稳定的手段。[②] 尽管镇压政策在程度和模式上出现一些变化，但目标似乎是针对除了总统家族这一非常狭小的圈子外的每一个人，包括助其确保权力和社会

① B. Hibou, *The Force of Obedience: The Political Economy of Repression in Tunisia*, p. 98.

② K. Perkins, *A History of Modern Tunisia*, p. 186.

稳定的政治伊斯兰力量。[①]

本·阿里上台之后，亟须直面的重要挑战是突尼斯面临的债务危机和社会经济发展困境。本·阿里政府的破解之道是接受国际货币基金组织和世界银行等国际金融机构的“药方”：实施新自由主义的经济结构重组。这一政策在产生些许效果的同时，更多的是为突尼斯后来的发展和治理埋下了难以逾越的陷阱和隐患。

一、收效甚微的经济结构重组

从经济角度来看，特别是就其经济结构重组而言，突尼斯被誉为中东地区的成功典范。时任国际货币基金组织总裁的多米尼克·斯特劳斯·卡恩在2008年赞誉突尼斯经济是“新兴国家的榜样”，这绝非偶然。与此同时，就监管改革而言，世界银行将突尼斯评为“最佳改革者”。尽管如此，突尼斯依然是此次社会动荡浪潮中第一个爆发民众抗议进而导致政权更迭的中东国家。原因何在？在本书设定的理论分析框架下，主要原因有以下两方面：其一，过去几十年里，突尼斯一直在进行的大部分经济重构并未能使该国很好地融入全球政治经济之中；其二，国际货币基金组织提出的突尼斯经济复兴计划对突尼斯的中产阶层和工人阶层都产生了不利影响，这持续激发了本已愤愤不平的伊斯兰主义者的愤恨，也激起了世俗反对派中产阶层和底层社会的批评。[②] 这不仅为引燃动荡的布瓦吉吉自焚事件创造了条件，而且为政治伊斯兰力量的更持久存在和发展提供了必要的准备。

---

① B. Hibou, *The Force of Obedience: The Political Economy of Repression in Tunisia*, p. 99.

② K. Perkins, *A History of Modern Tunisia*, p. 192.

表面上看起来没有问题的突尼斯经济事实上潜藏着结构性问题。顺便提及一下，突尼斯经济的这一“症状”最终破坏了本·阿里统治的政治基础。为了应对这种困境，突尼斯政府曾试图进行结构性调整。突尼斯经济究竟是如何进行重构的？这些措施成功地将突尼斯纳入全球政治经济体系之中，还是导致其进一步边缘化？经济边缘化是否导致了突尼斯人的进一步移民活动，从而反向加剧了边缘化？下文将对之一一进行探讨。

就发展路径而言，20世纪60年代的突尼斯与该地区其他国家没有什么不同，亦采用了进口替代战略来发展社会经济。[①] 到了1970年，在经济领域秉持自由主义思想的赫迪·努伊拉被当时的突尼斯总统布尔吉巴钦点为政府总理。此后，在努伊拉总理的主持和推动下，突尼斯开创了一种以经济开放为特征的新发展路径，亦即设法以工业品的出口取代进口，同时鼓励外国投资以减少贸易赤字和增加就业人数。此项政策的推行意味着突尼斯成为中东地区第一个实行经济自由化政策的国家。[②] 具体言之，就是通过税制优惠、进口豁免、劳动立法和外汇管制吸引外国资本，鼓励工业制成品的出口。按照此项法律在突尼斯建立的企业大多为外资企业，它们的生产投资大约占该国20世纪70年代工业投资总额的6%，而吸纳的就业人数差不多占工业中新就业人数的20%。[③]

不过，在20世纪70年代，突尼斯政府并没有把所有的经济活动向私营经济部门开放。事实上，突尼斯的国家体系仍然主导着突尼

① R. Owen, *State, Power and Politics in the Making of the Modern Middle East* (London: Routledge, 2004), p. 116.

② N. Ayubi, *Over-stating the Arab State: Politics and Society in the Middle East*, p. 356.

③ 费萨尔·雅齐尔:《阿拉伯国家的危机与调整政策》，冯炳昆译,《国际社会科学杂志》(中文版) 1990年第2期。

斯的经济，国家在全部投资中的资本份额也从未低于50%，在1981年的制造业总产值中，国有企业仍然占据60%左右的份额。[①] 在农业部门中，政府公共投资的份额甚至从1971—1980年的13%增加到1981—1986年的17%。[②]

大多数资源贫乏的中东国家，从1979年的土耳其开始，依次是摩洛哥、突尼斯、埃及和阿尔及利亚，先后经历严重的债务危机。[③] 此种情形进一步增加了中东国家以一种更为浓重的新自由主义方式改变经济结构的压力。[④] 所有这些国家最终都被迫实施国际货币基金组织设定的结构改革计划。它们除了实行货币贬值、减少公共开支、改革关税和冻结工资等措施，亦取消了对消费品、半成品及生产资料的补贴而按成本定价；通过解散官办的商业机构、破除关税壁垒和放松外汇管制而实行外贸自由化；吸引外国投资，取消国营部门而实行私有化；鼓励本国的私人投资。[⑤] 陷入债务危机的中东国家希冀通过上述政策举措的推行来减少赤字、减轻外债不断增加的压力，它们是国际金融机构同意信贷延期的前提条件的一部分。[⑥] 本地区国家的债务危机以及对策之道促使突尼斯相应地改变其改革策略。

在1986年国际货币基金组织采取实质性干预之前，突尼斯的经济改革路径主要是通过限制国家主导的经济增长来实现自由化，亦即根据国家主导生产活动向私营部门提供生产所需的中间产品。然

① A. Richards and J. Waterbury, *A political Economy of the Middle East*, p. 233.

② N. Ayubi, *Over-stating the Arab State: Politics and Society in the Middle East*, p. 353.

③ 费萨尔·雅齐尔:《阿拉伯国家的危机与调整政策》。

④ L. Fawcett and Y. Sayigh, *The Third World beyond the Cold War: Continuity and Change* (Oxford: Oxford University Press, 1999), p. 121.

⑤ 费萨尔·雅齐尔:《阿拉伯国家的危机与调整政策》。

⑥ H. Clement Moore and R. Springborg, *Globalization and the Politics of Development in the Middle East* (Cambridge: Cambridge University Press, 2010), p. 122.

而，突尼斯政府的改革并没有缓解自身的经济困境。20世纪80年代上半期，突尼斯相对于GDP的债务依然在不断增长，从1980年的48%增加到1986年的63%，这表明改革战略越来越难以持续。相对于GDP的赤字比例在20世纪80年代的5年里达到5.2%的定额。债务危机迫在眉睫，而如影随形的是经常账户赤字从1980年占GDP的5%扩大至1986年的11%。[①]

为了应对上述经济困境，穆罕默德·姆扎利总理试图实施更加彻底的改革举措，如限制和取消消费补贴项目，其中包括落实1983年底国际货币基金组织和世界银行要求的取消对面包和粗粒面粉的补贴。然而，此举引发了1984年1月遍及突尼斯全境的、长达两周的大规模反政府游行示威。[②]

为了使自己避开突尼斯公众愤怒的焦点，也为了使自己有点晦暗的形象重回光辉，布尔吉巴总统决定撤销前述改革举措。此时的突尼斯事实上已经处于两难之中，所以布尔吉巴在改革问题上的政策回调反而进一步恶化了突尼斯业已存在的债务问题，以至于到1986年春天，该国再也无力支付进口费用。[③] 此情之下，留给突尼斯政府的唯一选择就是求助于国际货币基金组织。当然，这需要突尼斯政府接受此前其一直不接受的、与国际货币基金组织之间达成的备用协议。该协议的核心内容是突尼斯实施国际货币基金组织所要求的触及经济根本的结构调整计划：其一，通过贸易自由化和第纳尔贬值为突尼斯融入全球经济提供便利；其二，普及私有化和撤销管治，提高市场的作用和影响；其三，促进合理投资以减少失业，

---

① A. Richards and J. Waterbury, *A political Economy of the Middle East*, pp. 231, 232.

② K. Perkins, *A History of Modern Tunisia*, p. 171.

③ R. Owen, *State, Power and Politics in the Making of the Modern Middle East*, p. 117.

削减公共开支，尤其是要取消各类补贴。[①]

根据上述备用协议，从1986年8月起，突尼斯开启了新一轮的经济改革。[②] 在国际货币基金组织干预时期，尽管突尼斯的私营经济部门因为第一个自由化计划的实施而出现了一些增长，但国家在经济中的作用仍然占据主导地位。与此同时，突尼斯政府的公共开支依然居高不下。1983年，公共支出占突尼斯GDP的40.6%，公共行政支出约占突尼斯GDP的12%—13%，公务员的工资占所有公共支出的28.3%。然而，国际货币基金组织的经济结构调整计划首先提出使用的就是备用信贷工具，这就需要大幅缩减公共支出。国际货币基金组织要求削减信贷额度，到1991年实现价格自由，利率自由浮动，取消补贴，冻结公共部门工资，开放进口市场和加速私有化。突尼斯与世界银行签署了便利私营企业参与经济活动的协议，通过提升基础设施建设、出口便利化、减免税收和遣返权利等一系列举措吸引和鼓励外国工业投资。所有这一切都是基于已经通过的一系列立法，并且1986—1989年获得国际组织“裁定”。[③] 1995年突尼斯与欧盟签署的联系国协定进一步推动了这种重组进程，该协定旨在实行工业自由贸易，承诺减少关税壁垒。[④]

这里需要强调的是，突尼斯的私有化计划并没有取得成功，主要是由于缺乏强大的本土化企业家阶层以及私有部门金融能力有限。突尼斯的资产阶级特别弱小，而且主要依赖政府的保护和补贴。因此，突尼斯的私有经济并没有从突尼斯经济重组计划中受益，而

① K. Perkins, *A History of Modern Tunisia*, p. 173.

② A. Richards and J. Waterbury, *A political Economy of the Middle East*, p. 232.

③ N. Ayubi, *Over-stating the Arab State: Politics and Society in the Middle East*, pp. 354, 355.

④ R. Owen, *State, Power and Politics in the Making of the Modern Middle East*, p. 117.

是受到压制。1987年有近400家本土私营企业倒闭，1988年倒闭的有近700家，进口自由化、汇率崩溃、利率上升进一步加剧了这一状况。[①]

当然，经济结构重组计划中的一些目标得以实现，并且宏观经济指标似乎亦有所改善。[②] 1987—1992年的经济增速达到4.3%，较之于此前5年2.8%的增速有明显的提升。20世纪90年代突尼斯的实际国内生产总值增速平均为4.6%，而在20世纪80年代这一比例为3.2%，而且在接下来的十年中持续表现良好，直到2010年中东国家开始爆发社会动荡。这一时期，突尼斯的通货膨胀率从1987年的8.2%下降到1992年的5.8%，外汇储备恢复向好。

即便突尼斯的国际收支平衡状况在贷款之后立即有所改善，在1988年甚至出现盈余，但在20世纪90年代初期再次开始恶化。

总体而言，突尼斯的经济结构重组虽然获得一系列成效，但代价太过高昂。突尼斯政府推进社会治理的资源和手段因为经济结构重组而不断减少和削弱，突尼斯多达三分之二的企业，尤其是依靠传统技术的小企业面临破产或严峻的经济困难。这一切事实上为后来突尼斯的社会动荡和政权更替埋下了陷阱。

二、未能如愿的全球一体化进程

如前所述，自20世纪80年代以来，突尼斯在国际货币基金组织的要求和指导下进行了一系列结构调整，希冀摆脱自身经济发展困

① N. Ayubi, *Over-stating the Arab State: Politics and Society in the Middle East*, p. 356.

② H. Hakimian and Z. Moshaver, *The State and Global Change: The Political Economy of Transition in the Middle East and North Africa* (Richmond: Curzon Press, 2001), p. 44.

境，有效融入全球政治经济体系之中。然而，突尼斯的这一初衷未能如愿。这里需要特别说明的是，中东地区的另一些国家尽管也没有很好地融入全球政治经济体系，但在2010年开始的社会动荡浪潮中没有发生大规模反政府运动，亦未出现政权更迭，原因何在？这就需要从不同国家应对危机和挑战的能力以及国家治理能力和水平存在的差异上去找寻原因了。

为了更加准确而客观地审视突尼斯融入全球政治经济的程度，在此拟采用国际政治经济学领域通行的分析方法，亦即通过考察和分析突尼斯在全球外商直接投资存量和流入量中所占份额、跨国并购水平、经济开放的各种其他指标以及产品出口来评估。

（一）外商直接投资的相关指标不断降低

就在全球外商直接投资中的份额占比而言，特别是较之于东南亚或拉丁美洲等地区而言，北非地区明显处于落后状态。就突尼斯而言，其在全球外商直接投资存量中的占比从年度和长时段来看呈现“双下降”趋势：一方面，突尼斯的外商直接投资存量占比从1980年的0.5%左右持续下降至2011年稍高于0.15%；另一方面，从长时段来看，突尼斯的外商直接投资存量占比从20世纪70年代已经极低的0.42%下降至1990—2000年的0.29%，21世纪的第一个十年甚至降至几近为零。突尼斯的全球外商直接投资存量占比的变化充分说明，突尼斯经济全面重构方案之目的事实上归于无效。

就过往30年里突尼斯的外商直接投资流入表现而言，情形亦非常相似。20世纪80年代，突尼斯的全球外商直接投资流量占比的平均值约为0.25%，到了20世纪90年代，亦即按照国际货币基金组织的要求和指导实施重大重组计划之后，突尼斯的全球外商直接投资流入量占比的平均值已下降至0.144%，在21世纪的第一个十年平均值为0.117%。随着2011年社会动荡的发生，突尼斯的外商直接投资流入量占比的平均值只有几乎可忽略不计的0.075%。

此外，从2005年开始，突尼斯的外商直接投资流入量明显不及突尼斯的海外侨汇总额，这种状况一直持续到大规模社会动荡爆发前夕。突尼斯的这些侨汇主要来自欧洲国家的永久性移民。对一个按照国际货币基金组织的指导和要求实行实质性自由化和经济结构调整以吸引国际投资的国家而言，这项政策很难被认为是成功的。更为重要的是，对海外劳工金融转移支付依赖度的增强是该经济体在全球政治经济中处于边缘化的明显迹象。

（二）跨国并购中长期极低的占比

在国际政治经济学研究中，当需要评估某一经济体融入全球政治经济体系的程度时，经常考查该经济体在全球跨国并购价值总额中的占比。在过去的20多年里，突尼斯的这一指标一直接近于零。这足以表明，国际资本并没有很好地感受到突尼斯的投资环境和投资政策的吸引力。换而言之，尽管突尼斯政府为吸引国际资本而采取了一系列政策举措，但大多是失败的。

（三）在全球商品出口额中长期处于低占比

一个经济体的商品出口价值额在全球商品出口价值总额中的占比也是该经济体融入全球政治经济程度的重要参考指标。以此指标来考察和分析突尼斯的情况，结果颇不乐观。从联合国贸发会议的相关数据可以看出，在过去的30年中，突尼斯的商品出口价值额在世界商品出口价值总额中的占比一直稳定在0.1%的水平。这表明，突尼斯试图融入全球政治经济的政策效果很不理想，其在全球一体化进程中所处的形势的确非常糟糕。

（四）GDP构成变化凸显一体化与边缘化的严峻情势

一个经济体的对外贸易量在其GDP 中的占比亦可以显现其融入世界一体化的程度。就此而言，其首先通过贸易开放度来体现。就突尼斯的贸易开放度而言，情况亦不容乐观。

以购买力平价计算，突尼斯的贸易额在其GDP中的占比在20世纪90年代呈现下降态势，从1990年的28.4%下降至1999年的25.5%。[①]

突尼斯的对外贸易额在其GDP构成中占比的下降态势意味着该国GDP构成中其他指标的占比呈现上涨态势，抑或新的要素被纳入GDP构成指标体系之中。这就引出了一个新的问题，亦即突尼斯GDP的构成问题。这对于我们考察和分析突尼斯融入全球政治经济的程度有很好的参考价值。根据联合国贸发会议的数据，突尼斯的经济严重依赖服务业。在2010年，服务行业中，仅批发和零售贸易、饭店和旅馆行业收入在突尼斯GDP中的占比就达到23%。服务业收入在2011年突尼斯GDP中的占比为60%左右，这与过去30年相比，基本保持稳定。[②] 在大规模社会动荡爆发之前，旅游业在突尼斯经济中发挥着越来越重要的作用。

此外，突尼斯GDP构成中侨汇的占比日渐高企。侨汇总额在突尼斯GDP构成中的占比日渐高企，亦凸显了突尼斯经济日渐边缘化的状况。事实上，无论是就绝对数额还是就在突尼斯GDP构成中的占比而言，过去十年里，海外劳工的侨汇一直在不断上升。而且，从20世纪90年代后期起，侨汇总额超过官方发展援助净流入水平的

---

① World Bank, *The Little Data Book* (Washington DC: World Bank, 2001), p. 12.

② Leila Simona Talani, *The Arab Spring in the Global Political Economy*, p. 160.

至少两倍。不仅如此，侨汇的官方数据事实上大大低估了汇款的实际流入量，因为它们的转移通常是通过非官方渠道来实现的。

三、海外移民的不断增加

（一）海外移民状况

在人类社会的全球化进程中，一个经济体的海外移民活动总体态势在一定程度上反映了该经济体在全球一体化进程中的边缘化程度。就突尼斯而言，该国的海外移民总体状况呈现如下两个方面的特征。

一方面，就海外移民的目的地而言，突尼斯人持续增强的海外移民活动的主要目的地是发达的欧洲地区，在数量上超过了中东区域内的移民活动。[①] 这里有数据可资证明，2009年移民到欧洲国家的突尼斯人总数高达911400人，约占该国海外移民总数的83%，其中大多数选择前往法国、意大利和德国这三个发达的欧洲国家。与之形成鲜明对比的是，前往马格里布地区国家的突尼斯移民只有106500人，另有48400人居住在阿拉伯世界其他地区。这里值得一提的是，移民问题逐渐主导了欧洲—地中海对话以及欧盟实施的对南地中海邻国的政策。

另一方面，就海外移民的数量变化和态势而言，在大规模社会动荡爆发前的十年中，突尼斯的海外移民数量一直在不断上升。在突尼斯驻外使领馆登记的海外移民总数从2001年的763890人增加到2009年的1098200人。这里需要说明的是，在强调这些官方移民数

---

① P. Fargues and C. Fandrich, *Migration after the Arab Spring,* MPC Research Report 2012/09, Florence: EUI, 2012, p. 79.

字的重要性时，往往忽视了海外非法移民活动，不包括非法移民数量的官方数据事实上导致了移民的实际数量被大大低估。

对突尼斯人向欧洲移民情况的简要分析表明，突尼斯在全球政治经济中处于日益边缘化的境地。[①]

（二）外汇收入主要来源于海外侨汇

2000—2005年，突尼斯的侨汇流入量年均增长率为10.61%，较之于此前5年约为9%的年均增幅进一步提高。从侨汇流入总额角度看，到2006年，突尼斯的侨汇总额增加到20.1亿第纳尔，这使得侨汇成为突尼斯外汇收入的第三大来源。突尼斯侨汇流入量之所以如此可观，主要原因在于越来越多的突尼斯人移居海外。到2010年底，在突尼斯总人口中，有约10%的人居住在国外。

就突尼斯侨汇流入的特征而言，除了上文提及的不断增长这一明显特点外，对我们的分析至关重要的另一个特征是绝大多数侨汇都来自欧洲发达国家。1995—2006年，来自欧洲国家的侨汇流入量在突尼斯侨汇总收入中的占比一直保持在90%左右。就2006年的侨汇数据而言，居住在欧洲国家的突尼斯人贡献的侨汇总额为17.84亿第纳尔，达到当年该国侨汇总流入的88.8%。与之形成鲜明对比的是，同年来自阿拉伯国家的侨汇收入为1.767亿第纳尔，只占侨汇总流入的8.7%。同年来自世界其他国家的侨汇约为4920万第纳尔，仅占该国当年侨汇总额的2.5%。

突尼斯央行的数据显示，2009年来自欧洲地区的侨汇依然达到突尼斯侨汇收入总额的88%左右，约为23.23亿第纳尔。位居突尼

---

① T. Dodge and R. Higgot, *Globalization and the Middle East* (London: The Royal Institute of International Affairs, 2002), p. 67.

斯侨汇收入来源前三名的欧洲国家分别是法国、德国和意大利（参见表7.1）。

表7.1　2004—2009年突尼斯的侨汇国别来源

单位：百万第纳尔

侨汇来源国	2004年	2005年	2006年	2007年	2008年	2009年
德国	255.8	257.7	297.8	335.4	365.5	399.1
奥地利	17.6	18.4	20.4	22.3	25.5	27.9
比利时	45.2	45.5	49.1	53.8	60.5	63.8
法国	907.9	909.3	994.4	1071.0	1169.5	1270.7
荷兰	21.6	22.9	24.1	26.7	30.6	33.6
意大利	235.8	244.2	275.2	309.8	339.9	356.8
英国—爱尔兰	17.4	18.9	22.0	21.9	28.1	31.7
瑞典	14.4	15.1	16.7	18.1	20.8	23.6
瑞士	46.4	46.7	51.4	56.2	64.1	68.7
其他欧洲国家	30.8	31.3	32.9	37.8	41.4	47.1
阿尔及利亚	3.6	3.7	4.1	4.5	5.3	5.8
沙特	54.6	55.5	64.1	72.5	78.8	90.7
阿联酋	18.3	19.0	22.3	23.9	34.4	45.0
利比亚	32.4	34.1	37.5	41.1	47.1	50.2
摩洛哥	4.8	5.0	5.5	6.0	6.9	7.2
卡塔尔	12.2	12.7	14.0	15.4	17.5	21.2
阿曼	10.7	11.3	12.7	14.0	15.6	19.4
其他阿拉伯国家	13.3	14.3	16.5	18.0	18.9	22.0
加拿大	15.1	15.9	17.4	19.0	23.4	25.7
美国	9.6	9.8	12.7	13.6	22.6	20.7
其他国家	9.4	9.9	13.2	17.5	19.5	21.7
合计	1776.9	1801.2	2004.0	2198.5	2435.9	2652.6

资料来源：作者自制。

（三）突尼斯国家政策对海外移民活动的刺激作用

在大规模社会动荡爆发前，针对突尼斯人向海外移民问题，尤其是向欧洲的移民现实情况，突尼斯政府采取明确的支持策略。[①] 突尼斯政府对海外移民活动采取的支持政策体现在如下两个方面。

第一，放松合法移民限制，规范移民的过程管理，以期减少非法移民数量。2004年2月3日，突尼斯政府通过立法开始修改针对合法移民的种种限制措施。这里特别值得一提的是，尽管突尼斯政府放松了向海外的合法移民限制，但此举并没有真正阻止突尼斯的海外非法移民活动。[②] 2008年，突尼斯人第一次成为登陆意大利兰佩杜萨岛的非法移民中最大的群体，总数达到6762人，其中包括52名女性和184名未成年人。据估计，2008年通过该岛屿进入意大利的马格里布国家和埃及的非法移民中，突尼斯人占据三分之二。

第二，签署双边移民协议，促进突尼斯的合法移民活动。例如，突尼斯政府通过与欧洲国家以及非欧洲国家间的协议直接促进突尼斯人向上述地区的合法移民活动。

突尼斯政府在支持和鼓励突尼斯人向海外移民的同时，也在不断加强同海外突尼斯人的联系，鼓励他们返回祖国投资兴业。但突尼斯政府的类似政策和呼吁基本上没有产生实质性效果。[③] 因此，突尼斯经济在海外移民不断增加的同时仍日趋边缘化。

---

① R. Appleyard (ed.), *Emigration Dynamics in Developing Countries, Volume IV: The Arab Region* (London: Ashgate, 1999), p. 256.

② J. F. Bayart, *Global Subjects: A Political Critique of Globalization* (Cambridge: Polity Press, 2007), p. 9.

③ B. Hibou, H. Meddeb and M. Hamdi, *Tunisia after 14 January and Its Social and Political Economy: The Issues at Stake in a Reconfiguration of European Policy*, (Euro-Mediterranean Human Rights Network, 2011), p. 92.

（四）海外移民与人才的大量流失

数据表明，较之于2001—2007年的平均值，2007—2008年移居海外的突尼斯高技能人才的数量增加了约38%。这些流失的突尼斯高技能人才大多去了欧洲的发达国家，首先是法国，然后是德国和意大利。[①]

总体而言，以海外发达国家为目的地的突尼斯人才流失的比例在21世纪的第一个十年中一直保持在80%以上。尽管有学者认为大规模社会动荡爆发后，突尼斯海外移民中的合法和非法移民的数量将会呈现下降态势，但许多拥有高技能的突尼斯年轻人仍然会选择逃离祖国，以寻求更好的发展机会和生存空间，这势必会进一步加剧突尼斯业已存在的人才流失现象。之所以得到如此结论，原因在于突尼斯的高技能人才流失的主要驱动因素是突尼斯在全球化进程中的日益边缘化。就进入新的全球产业链所必需的技术、技能而言，突尼斯越来越落后，这大大降低了突尼斯高技能人才在本国找到合适的工作机会的可能性，进而导致高技能人才流失的不断加剧。考察一下过往30年突尼斯劳动力市场的演变，我们可以发现高技能劳动者越来越无法找到有如意薪酬和发展空间的工作岗位。具有高等教育学历背景和文化程度的突尼斯人的失业率从1984年到2008年增长较多，亦即从1984年最低时的2.3%飙升至2009年的21.6%。与此形成鲜明对比的是，文盲和只有初级教育水平和文化程度的突尼斯人的失业率却分别从15.2%和22.4%降至5.7%和12.3%。[②]

突尼斯在全球化进程中日渐边缘化继续驱动着社会动荡结束之

① Leila Simona Talani, *The Arab Spring in the Global Political Economy*, p. 170.

② Leila Simona Talani, *The Arab Spring in the Global Political Economy*, p. 170.

后的突尼斯海外非法移民活动。突尼斯人之所以想逃离祖国，主要还是因为突尼斯的经济机会和发展前景并不好。这意味着突尼斯人依然陷入两难困境之中，需要选择：要么像布瓦吉吉那样自我牺牲，要么为前往意大利的非正常移民之旅支付500—1000欧元，这笔钱对他们贫困的家庭而言是非常高昂的费用。他们中的一些人甚至使用大规模社会动荡期间的受伤害补偿金（约合1500欧元）来支付他们前途未卜的欧洲之旅的费用。

据报道，2011年1—6月，约有25800名突尼斯非法移民抵达意大利。就移民的个人状况而言，这批移民与2005年的突尼斯移民的背景情况相同，具有如下特征：其一，他们主要是年龄在20—30岁的年轻人；其二，他们大多来自突尼斯的贫困地区；其三，他们一般来自由四到八名成员组成的大家庭。这些家庭通常仅由一人养家糊口，其每天的收入仅为4—8第纳尔。即便如此，他们亦没有社会保障，工作亦不稳定。从某种程度上说，他们的个人情况与通过自焚点燃突尼斯社会动荡的年轻人布瓦吉吉是一样的。

很显然，突尼斯的政权更迭，抑或所谓的“政治解放”并不意味着突尼斯人所面临的糟糕状况已经结束。他们所处的糟糕状况源于突尼斯经济的糟糕表现与全球政治经济之间的悖论性矛盾。可以说，他们在大规模社会动荡结束之后决定离开突尼斯表明，他们之所以不满并不是因为他们在政治上被压迫，而是因为他们在经济上被边缘化。

有关“突尼斯经济奇迹”这一称呼，大多是由国际组织特别是世界银行和国际货币基金组织传播的，但在某种程度上欧盟也予以赞同。突尼斯在经济增长、经济结构改革、自由化和私有化等促进宏观经济稳定方面堪称典范，所以被誉为“地中海之龙”。

就突尼斯的经济而言，尽管20世纪80年代国际货币基金组织最终实施的强有力的重组治理似乎卓有成效，但希冀借之推动突尼斯融入全球政治经济这一目标并未实现。相反，在接下来的20年里，突尼斯的相对边缘化状况进一步加剧。这进一步加剧了新自由主义重组的内在矛盾，引起了越来越多的不满。在市民社会中，日趋贫困的中产阶层与下层民众在遭到本·阿里政权镇压的“政治伊斯兰”的名义下结成了联盟。

全球化进程中的边缘化还增加了那些愿意以非法移民方式逃离祖国乃至中东地区的群体的数量。对于那些越来越无法找到适合自己技能水平的工作的劳动力而言，尤其如此。他们越来越倾向于前往欧洲寻找更好的人生发展机会。显然，这一过程并没有因为大规模社会动荡结束之后重新获得的政治自由而停滞。相反，大规模社会动荡结束之后的海外移民活动完全复制了过往的模式，这进一步证实突尼斯人的不满并非源于政治现实，而是源于经济处境。

第八章　全球化进程中埃及的经济困境

为了探讨和分析全球化进程中埃及的边缘化困境在驱动埃及社会动荡过程中发挥何种作用，我们首先有必要确定埃及——这个在2010年开始的中东国家社会动荡浪潮中第二个经历动荡并最终导致政权更替的国家——在何种程度上被全球政治经济排除在外，亦即边缘化程度。为此，拟从以外商直接投资存量的水平和额度、流入量及其一定时期内的表现，跨国并购以及旨在增加出口的贸易开放度为代表的经济维度探讨该国的边缘化程度。[①]

在本章的分析和探讨过程中，还会将这些指标与其他合适的指标结合，以便更全面地显现一个经济体融入全球经济的程度。其中，一段时间内永久移民海外的埃及人的侨汇水平及其演变，被视为边缘化和人才流失的重要指标。

在正式进行这样的实证分析之前，非常有必要首先简要介绍埃及为实现经济自由化所采取的一系列政策举措。

① T. Dodge and R. Higgot, *Globalization and the Middle East*, p. 99.

一、埃及的经济自由化历程

（一）自由化的早期设计及缓慢推进的原因

学术界在探讨和分析阿拉伯世界的经济自由化问题时，通常将埃及描绘为"阿拉伯自由化之母"。[①] 对埃及的这一定位源于这样的历史史实，亦即早在20世纪70年代，埃及就开启了经济自由化进程。1974年4月18日，埃及总统萨达特启动了以经济自由化和私有化为核心内容的"对外开放政策"。[②] 同年6月，萨达特政府颁布了第43号法令，亦即《关于阿拉伯和外国投资和自由区》法令，核心内容规定，外国资本可以独资或与埃及商业合资的形式对埃及的工业、矿业、能源、建筑、交通、旅游、银行、水力资源、垦殖荒地和沙漠、投资公司和技术咨询等领域进行投资。[③]

需要指出的是，尽管埃及政府的确制定了一系列有关经济自由化的法律文件，但贯彻和落实方面的进展非常缓慢。个中缘由有三。其一，20世纪70年代末的第二次石油繁荣让埃及政府有足够的财力、物力来稳定国内局势，因而有足够的底气来抵制国际社会要求其实施经济自由化的压力。其二，已经付诸实施的相关经济自由化政策，在推进过程中引起了许多埃及人的不满。例如，埃及政府为获得贷款屈从于国际货币基金组织、美国政府和美国银行的压力，在1977年1月18日宣布取消基本食品价格补贴。这一政策的出炉立

① N. Ayubi, *Over-stating the Arab State: Politics and Society in the Middle East*, p. 339.

② R. Owen, *State, Power and Politics in the Making of the Modern Middle East*, p. 116.

③ 有关该法案的详细内容参见雷钰、苏瑞林:《中东国家通史・埃及卷》，第345页。

即导致遍及埃及全境的民众抗议和骚乱的发生。[①] 其三，也更为重要的是，自由化进程导致诸多埃及人陷入贫困。如果继续急速推进这一进程，势必给埃及境内激进力量的回潮带来天赐良机，埃及政府需要而且决定放慢速度以避免这一可能的政治风险的发生。

（二）开放的新高潮与自由化改革

及至1987年，埃及议会最终通过《允许出售公共财产法》之后，埃及私有化进程的高潮才真正到来。[②] 两年之后，亦即1989年，该法令被进一步修改为《投资法》（第230号）。1991年，埃及与国际货币基金组织签订了《经济改革与结构调整计划协议》，与世界银行签订了《结构调整与贷款协议》。埃及据此分两阶段实施经济改革和结构调整，以推动该国向市场经济转型。经济改革和结构调整的主要内容是埃及要实施对外开放、进行税制改革和金融与资本市场改革、推进私有化等。[③] 到了1997年5月，埃及政府又通过了一项新的法律，亦即《投资担保法和奖励法》。该法案取消了先前针对海外投资的限制性举措和规定。为此，埃及政府还通过2108号总理行政令来强制执行这一法案。最后，到了1999年10月，埃及古老的《1883年商业法典》被新法令取而代之。[④]

尽管穆巴拉克政府实施的“经济开放”政策的初衷在于增加外

---

① 雷钰、苏瑞林:《中东国家通史·埃及卷》，第352页。

② N. Ayubi, *Over-stating the Arab State: Politics and Society in the Middle East*, p. 346.

③ 雷钰、苏瑞林:《中东国家通史·埃及卷》，第367页。

④ S. Khyeda, “Foreign Direct Investment in the Middle East: Major Regulatory Restrictions,” *Insight Turkey* 9, no. 2 (2007): 84.

国投资，[①] 但这项基于埃及国家和国际资本联盟的战略并没有赢得埃及中产阶层的全力支持。埃及的中产阶层原本对萨达特政府实施的“门户开放”政策和自由化进程持支持态度，但相关政策的落地和具体实践不利于埃及本土中产阶层的生存和发展。此种状况事实上进一步加剧了埃及本土中产阶层在埃及权力体系中的边缘化程度。实际上，这种“经济开放”政策使许多埃及本土产业被太过迅猛地抛进无法承受的竞争环境之中，变得更加脆弱。[②]

尽管埃及的国家精英制定了吸引国际资本的明确战略，并且埃及实施的“经济开放”政策的首选模式是埃及的公共部门与海外跨国公司共同成立合资企业，[③] 但埃及的开放之举并没有吸引大量的外国投资。[④] 进入埃及的外商直接投资额度非常有限。不仅如此，在大多数情况下，对埃及的国际直接投资通常为一次性收购。例如，2006年10月，亚历山大银行出售16亿美元股权，家族企业阿蒙制药以4.5亿美元的价值将股权转让给美国人。[⑤] 这种外资流入对埃及经济可持续发展的作用并不明显。

此情之下，埃及稳定社会经济的主要路径有二。其一，通过获得外部援助来平衡预算。例如，海湾战争期间，埃及收到大约39亿美元的外部援助，与此同时，美国和海湾国家还取消了总额129亿美元的到期债务。这无疑大大减轻了当时埃及政府面临的偿债负担

---

① S. Khyeda, “Foreign Direct Investment in the Middle East: Major Regulatory Restrictions,” p. 85.

② N. Ayubi, *Over-stating the Arab State: Politics and Society in the Middle East*, p. 338.

③ N. Ayubi, *Over-stating the Arab State: Politics and Society in the Middle East*, p. 334.

④ 菲利普·C.内勒:《世界历史文库·北非史》，韩志斌等译，第238页。

⑤ S. Khyeda, “Foreign Direct Investment in the Middle East: Major Regulatory Restrictions,” p. 79.

和社会经济压力。[①] 尽管如此，外部援助国家尤其是西方援助国家之所以援助埃及，主要是从地缘政治角度和自身国家战略角度考量的。

其二，寻求相关国际组织的贷款支持。面对日益严重的经济困境，1991年，埃及政府与国际货币基金组织签订《经济改革与结构调整计划协议》、与世界银行签订《结构调整与贷款协议》。埃及的经济结构调整计划是西方债权国组成的巴黎俱乐部同意在1994年6月前分三期减免一半埃及公共债务（总额202亿美元）的更全面的一揽子方案的组成部分。[②] 该一揽子方案规定：从1991年5月开始，到1992年10月，取消15%的埃及债务；另外15%的债务则随着与国际货币基金组织达成的第二份协议的实施，在1992年11月至1993年4月之间被取消；其余70%的债务将于1993年5月至1994年11月予以取消。此外，国际货币基金组织亦为埃及的信贷延期（相当于埃及在国际货币基金组织中份额的60%）设定了一个前提条件，亦即根据国际货币基金组织和世界银行的指导原则进行宏观经济结构性改革。[③]

（三）经济结构调整与自由化的成效

1. 经济增长有限

国际货币基金组织为提供贷款设定的附加条件，亦即实行经济稳定计划、进行结构改革、实行私有化和自由化等虽然在一定程度上的确有助于维持埃及的宏观经济稳定，但在总体上并没有实现埃及政府预设的目标。事实上，埃及经济始终在增速下降的大趋势中前行。这表明，埃及的经济结构改革亦未能使其很好地融入全球化

---

① N. Ayubi, *Over-stating the Arab State: Politics and Society in the Middle East*, p. 346.

② 雷钰、苏瑞林：《中东国家通史·埃及卷》，第367页。

③ N. Ayubi, *Over-stating the Arab State: Politics and Society in the Middle East*, p. 347.

进程，反而日益边缘化。这一结论有如下数据可资支撑。国际货币基金组织的数据显示，1961—1980年，埃及经济的年均增长率为6%。[①] 20世纪90年代，埃及经济仅维持着4.8%的年均增长率。在21世纪前十年里，埃及的经济虽然仍有增长，除个别年份外，总体增幅较小。[②] 与此同时，埃及的粮食价格持续暴涨，这事实上抵消了有限的经济增长带来的利好。

2. 宏观经济指标有所改善

20世纪90年代，埃及的外汇储备水平、外债规模和财政收支平衡等其他宏观经济指标均有一定程度的改善。根据联合国贸发会议的数据，包括黄金在内的埃及外汇储备在1990—1998年增长了9倍。在经历21世纪初期的调整之后，埃及外汇储备再次呈现迅猛增长态势，一直持续到发生大规模社会动荡。

在整个20世纪80年代，埃及的经常账户（结算账户）均呈现赤字状态。直到进入90年代，因为与相关国际组织达成了结构调整和贷款协议，所以埃及的经常账户（结算账户）开始短暂出现大量盈余，到20世纪90年代后半期再次进入赤字状态，中间虽偶有改善，但在大规模社会动荡爆发前依然呈现赤字状态，总体状况不容乐观。

就埃及的现金流动而言，虽然在整个20世纪90年代始终呈现现金赤字，在21世纪初期出现严重恶化情况，但在GDP中的占比依然处于可控状态。埃及的通货膨胀在20世纪90年代也实现了大幅下降，GDP缩减指数（平减指数）从1992年的19.73%下降到1999年的0.87%（图8.1）。

① 菲利普·C.内勒:《世界历史文库·北非史》，韩志斌等译，第241页。

② Leila Simona Talani, *The Arab Spring in the Global Political Economy*, p. 180.

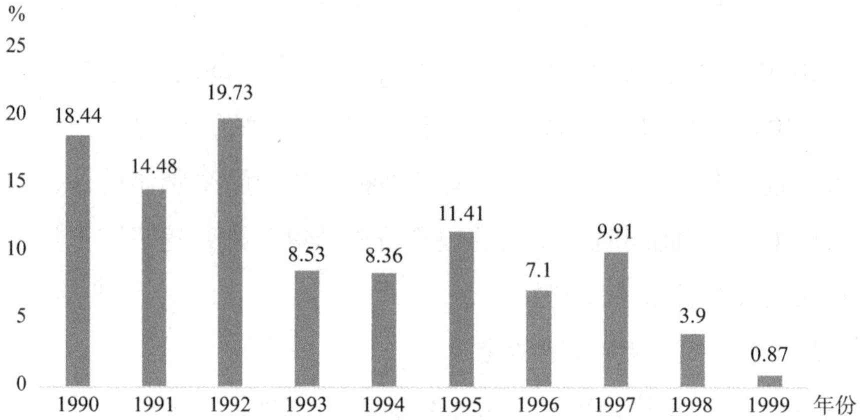

图8.1　1990—1999年埃及的GDP缩减指数

资料来源：作者自制。

3. 政策效果不尽如人意

尽管私有化计划、结构改革和经济调整等一系列举措的推行使埃及的宏观经济在20世纪90年代保持了相对稳定，但吸引外资的成效依然不佳。不仅如此，在实践中，自由化路径又进一步加剧了埃及在全球化进程中的边缘化处境。[①]

二、埃及的外商直接投资状况

（一）埃及的外商直接投资存量占比状况

如前所述，尽管埃及政府很早就启动了经济自由化政策并适时对埃及经济进行结构调整，希冀推动埃及更好地参与全球经济活动，但政策效果不尽如人意。事实上，埃及政府为吸引外商直接投资而推出的一系列政策举措并没有产生实质性效果。自1980年以来，虽

① N. Ayubi, *Over-stating the Arab State: Politics and Society in the Middle East*, p. 341.

然全球外商直接投资存量呈现急剧增长态势，但最大份额仍然由发达国家占据。在发展中国家和地区，亚洲是全球外商直接投资存量占比增幅最大的区域，与之相反，北非地区在过去的30年中实际上一直呈现下降态势。就埃及的全球外商直接投资存量占比而言，在经历几年短暂的增长之后，到1985年达到0.61%这一峰值之后，呈现非常明显的总体下降态势。不仅如此，在20世纪90年代落实和推进私有化和经济结构改革方案之后，埃及在全球外商直接投资存量中的占比反而下降到0.4%以下的水平，甚至在2004年降到0.2%的历史最低点。2004—2009年，由于埃及的石油部门出现扩张以及私有化进程的加速推进，埃及的外商直接投资存量出现了短暂的增长。[①] 这表明，埃及政府实施的向外国资本开放的政策是不成功的。

如果将1981—2010年以十年为期分为三个阶段，分阶段考查埃及在全球外商直接投资投资存量中的平均值占比，我们可以更清晰地看出毫无争议的下降趋势。在20世纪80年代，埃及在全球外商直接投资存量中的占比低至0.53%；到了20世纪90年代，埃及的这一占比进一步降至0.4%；2001—2010年，埃及的这一占比降至0.29%。[②]

（二）埃及的外商直接投资流入量占比状况

自20世纪80年代以来，流入埃及的外商直接投资的全球占比一直在稳步下降，在大规模社会动荡爆发之后甚至出现外商直接投资流入量转为负值现象。这表明当年的埃及外商直接投资出现净流出现象。2004—2009年，埃及的外商直接投资流入量出现短暂的小规

① H. Nassar, "Migration and Financial Flows: Egypt in the MENA Area," European University Institute, CARIM, Research Reports 2009/20, 2009, p. 9.

② Leila Simona Talani, *The Arab Spring in the Global Political Economy*, p. 185.

模增长。这一现象背后的驱动力是这一时期埃及的石油部门出现了扩张以及推进私有化进程。[①]

（三）埃及的全球跨国并购价值额占比状况

作为外商直接投资的一个重要表现形式，一个经济体内发生的跨国并购价值额及其在全球跨国并购价值总额中的占比是衡量这个经济体融入全球政治经济程度的重要指标。以此来看，过往20多年里，埃及在全球跨国并购价值总额中的平均占比仅为0.2%，可谓微不足道。

（四）外商直接投资流入与海外侨汇对比

这一时期埃及的外商直接投资流入与埃及的侨汇对比更能够说明，埃及的自由化、经济结构调整成效不佳，埃及在全球化化进程中的边缘化趋势进一步凸显。从绝对意义上说，在整个自由化和经济结构调整期间，埃及的外商直接投资流入远远少于海外侨汇。

三、埃及的间接投资净流出与贸易开放度状况

全球化进程中埃及的边缘化困境不仅体现在外商直接投资流入量有限，而且体现在西方国家在地区股票市场上对埃及公司股票进行的组合投资微小上。在2001—2002财政年度，对埃及的净组合投资额仅为4530万美元，但在2002—2003财政年度的前三个季度，净组合投资流出量高达2.06亿美元。

---

① H. Nassar, “Migration and Financial Flows: Egypt in the MENA Area,” European University Institute, CARIM, Research Reports 2009/20, 2009, p. 9.

1981年以来，埃及的贸易开放度在总体上呈现下降态势。尽管20世纪90年代穆巴拉克政府在国际货币基金组织压力下采取了经济改革，希冀埃及能够更好地融入全球经济一体化进程，但效果适得其反。根据联合国贸发会议相关数据，如果以一个经济体的平均进出口额在其GDP总值中的占比作为测量标准来看，埃及的贸易开放度总体上呈现下降态势，占比数值从1981年的大约45%大幅下降到2011年的16%。

四、埃及的外汇收入构成状况

尽管在1993—2003年这十年间埃及的外贸出口额出现了增长，但埃及的整体经济依然严重依赖旅游业收入、海外侨汇、苏伊士运河通行费和石油出口收入。在随后的几年中，这种情形并没有发生实质性改观。

埃及中央银行的相关数据显示，1999—2007年，埃及的主要外汇来源是商品出口收入、旅游业收入、石油收入、海外侨汇和苏伊士运河通行费收入等。同时，外商直接投资平均流入量仅占外汇收入总量的9%，低于侨汇（12%）和旅游业（17%）等经济科目的外汇收入占比，略超苏伊士运河通行费的占比（8%）。

显然，在埃及发生政权更替之前，商品货物出口和外商直接投资都不是其最稳定的外汇收入来源。与之形成鲜明对比的是，旅游业收入和海外侨汇确实是埃及政府相对稳定的外汇收入来源。联合国贸发会议的数据亦证实了上述判断，2010年埃及GDP的48%来源于服务业，旅游业是服务业收入中最重要的贡献者，埃及38%的GDP由工业创造。

就埃及海外侨汇而言，1999—2007年，其在埃及GDP中的占比呈现上升态势。一方面，这表明其贡献度在不断提升。另一方面，这表明海外侨民对埃及外汇和家庭收入来源的重要性有所提升。[①] 此外，鉴于海外侨汇的官方统计数据并不包括那些以非官方渠道进入该国的资金，有学者估计，埃及海外侨汇对该国GDP的真正贡献比至少还应高一倍。[②] 埃及海外劳工的汇款对埃及经济的重要性还在如下事实上进一步显现：在过去30多年中，埃及海外侨汇一直高于官方发展援助和官方援助的流入水平，而且在20世纪90年代中期之后，差距逐渐扩大。2010年海外侨汇总额比对埃及的官方发展援助多12.28亿美元。在大规模社会动荡爆发之后，埃及的海外侨汇额度甚至达到创历史纪录的最高水平，在2010—2011财政年度高达126亿美元。[③]

五、海外移民与人才流失的加剧

事实上，有关埃及海外侨汇的相关数据还从侧面印证了埃及不断加剧的海外移民活动和人才流失现象。从跨国主义视角来看，一个经济体的边缘化程度与其海外移民之间存在某种正相关关系。因此，我们可以从埃及的海外移民情况中探析该国在全球化进程中的边缘化状况。

在大规模社会动荡爆发之前，埃及的海外移民活动大致可以分为五个不同的发展阶段。在前四个阶段，只存在少数海外移民活动。大规模社会动荡爆发后，埃及的海外移民活动依然在继续，不过，

---

① H. Nassar, “Migration and Financial Flows: Egypt in the MENA Area,” p. 22.

② H. Nassar, “Migration and Financial Flows: Egypt in the MENA Area,” p. 22.

③ D. Abdelfattah, *Impact of Arab Revolts on Migration*, Robert Schuman Centre for Advanced Studies, San Domenico di Fiesole: European University Institute, 2011, p. 9.

显现了一些不同于过往的新特点。因此，到目前为止，埃及的海外移民活动可分为六个不同的发展阶段，并显现了不同的特征。

1974年之前是海外移民早期阶段，驱动力主要是纳赛尔在埃及掌权之后开启的经济、政治和社会变革。这次移民潮在数量方面受到限制。就移民的社会构成而言，几乎完全是由法鲁克王朝时期的上层社会成员为代表，特别是专业人士和资本家，他们受到纳赛尔政府实施的资产国有化和财产扣押政策的影响。从某种意义上说，第一次移民浪潮是埃及革命对埃及社会结构产生的影响，特别是以新的纳赛尔主义精英取代先前社会精英的结果。[①] 第一次移民潮的主要目的地是加拿大和美国。[②] 因此，20世纪60年代埃及的海外移民活动，无论就其规模而言，还是就其范围来论，均是一种非常有限的社会现象。[③]

萨达特政府在1974年启动经济改革之后，埃及人开启了成规模海外移民活动的第二次浪潮。[④] 此次移民潮为中东区域内移民扩张阶段，时间为1974—1984年。根据埃及中央公共动员和统计局的评估数据，1970年在海外的埃及人总数仅为7万。而到了1976年，埃及移民的数量已经飙升到140万之多。[⑤] 1975年，在巴林、科威特、利

---

① L. Binder (ed.), *Ethnic Conflict and International Politics in the Middle East* (Florida: University Press, 1999), p. 296.

② G. Amin, *Whatever Happened to Egyptians?* (Cairo: The American University in Cairo Press, 2000), p. 96.

③ N. Choucri, *Migration Processes among Developing Countries: The Middle East* (Cambridge: MIT, 1978), p. 5.

④ I. J. Seccombe, "International Labor Migration in the Middle East: A Review of Literature and Research, 1974–84," *International Migration Review* 19, no. 2 (1985): 345.

⑤ A. Zohry and B. Harrell-Bond, "*Contemporary Egyptian Migration: An Overview of Voluntary and Forced Migration*," University of Sussex working papers, C3, 2003, p. 8.

比亚、阿曼、卡塔尔、沙特和阿联酋等劳动力输入国，估计有160万劳工移民，这其中有110万来自阿拉伯国家。[①] 这110万阿拉伯劳工中，有相当大一部分人来自埃及。

作为第一次石油危机后从资源匮乏的中东国家向正出现劳动力短缺的欧佩克富裕成员国的区域内移民活动，这波移民潮基本上全是中东区域内临时性的劳工移民，主要是在1973年国际石油价格飙升之后前往海湾或利比亚等油气资源丰富的产油国的年轻男性工人。1979年全球能源价格再次飙升后，类似情形再度出现。[②]

1984年之后，埃及的海外移民活动进入第三个发展阶段，亦即中东区域内移民收缩阶段，这一过程一直持续到1988年。埃及的中东区域内移民规模之所以在1984—1988年出现缩减，追根溯源在于两伊战争爆发导致的石油生产和收入的下降。

1988年以后，埃及的中东区域内移民活动进入终结阶段，持续至1992年。移民的终结原因有三：其一，油价下跌；其二，阿拉伯国家建筑工人需求量出现下降；其三，海湾阿拉伯国家实施以本国劳动力取代外国劳工的战略。[③] 这种情形在1991年海湾战争之后进一步加剧。这场战争不仅导致埃及的中东区域内移民人口的减少，而且导致海湾地区既有的埃及劳工移民大量回流。因为战争，大约有200万人离开科威特、伊拉克和沙特。到战争结束时，几乎所有在伊拉克和科威特的埃及移民都被遣返回埃及或流落到该地区其他

---

① A. B. Zahlan, "Labor Migration and Economic Integration in the Middle East," in Michael Hudson (ed.), *Middle East Dilemma: The Politics and Economics of Arab Integration* (New York: Tauris and Co. Ltd, 1999), p. 269.

② G. Amin, *Whatever Happened to Egyptians*? p. 97.

③ Michael Hudson (ed.), *Middle East Dilemma: The Politics and Economics of Arab Integration*, pp. 218-233.

国家。[1] 国际劳工组织估计，1989—1991年埃及移民人口减少了约21.5%，从1989年的196.4万人降至1991年的154.1万人。

1992年以后，埃及的海外移民活动进入其发展的第五个阶段，事实上这也是凸显埃及在全球政治经济中日渐边缘化的阶段，持续至2011年。这一阶段埃及的海外移民活动具有如下两个方面特点。

其一，海外永久移民活动显著增加。1990—1998年，埃及向发达国家的永久移民人口平均增加了83%。以欧洲为目的地的永久移民从225251人增加到506028人，增幅高达125%，与之形成鲜明对比的是中东区域内的临时移民人数仅增加了68%。

在接下来的十年（1999—2008年），埃及向欧洲的永久移民活动一直保持着不断增加的态势。埃及海外领事馆的相关数据显示，在欧洲注册为永久移民的埃及人的总数出现了显著增长，从508598人增至780841人，增幅超过53%。仅从埃及官方领事数据看，在1999—2008年，埃及移民总体增加了至少30%，这还不包括通过非正常路径移民到海外的埃及人。[2]

其二，移民构成出现变化，技术人才亦加入移民活动的行列。技术人才加入移民活动的行列，无疑凸显了埃及在全球一体化进程中日渐边缘化的残酷现实。通过对埃及海外移民文化教育背景的考察，可以发现，这些移民的平均受教育程度明显高于埃及境内的非流动人口：第一，没有接受任何正规教育的埃及移民在移民总人口中的占比，较之于埃及国内没有接受教育的埃及人在埃及人中的占比，低20%以上。第二，接受过中等教育的埃及移民在移民总人口

---

① S. S. Russell, “International Migration and Political Turmoil in the Middle East,” *Population and Development Review* 18, no. 4 (1992): 721, 723.

② A. Zohry, “Egyptian Irregular Migration to Europe,” *Migration Letters* 4, no. 1 (2007): 56.

中的占比，较之于埃及境内接受中等教育的埃及人在总人口中的占比，高出20%；第三，具有大学学历或更高层次学历的移民在移民总人口中的占比为21.2%，而埃及境内拥有相似教育水平的埃及人在总人口中的占比只有14.5%。

埃及人向海外移民过程中的人才流失现象亦得到了埃及移民就业动态的进一步证实。通过考查1985—2002年阿拉伯国家的埃及移民职业类别数据信息可以发现，一个明显的趋势是，埃及高素质移民人数在不断增长。1985年时，获得科技人员工作许可证的埃及移民占埃及移民总数的20.4%，但到了2002年，这一数字翻了一番，达到41%；埃及海外移民中，管理人员的数量也有所增加，而产业工人的数量则出现显著下降，降幅超过10个百分点，文员占比亦从8.8%降低到1.5%。

随着海外移民数量的不断增长，埃及的人才流失现象进一步加剧。埃及中央公共动员和统计局的相关统计数据显示，2000—2007年埃及的永久移民中，有超过54%的人接受过大学及大学以上层次的教育。就人才流失所涉及的职业种类而言，纳赛尔报告认为，2000年初，18.3%的埃及高技术移民从事医学科学工作，32.2%的人是工程师，36.5%的人从事社会科学工作，8%的人在基础科学领域工作，5%的人在农业领域工作。[①]

上述分析表明，埃及乃至中东地区在全球政治经济一体化进程中的边缘化降低了该国以及该地区雇用高技能人才的可能性，这一情形反过来又进一步加剧了该国以及该地区的边缘化状况。埃及以及中东地区似乎已经陷入越来越难以打破的恶性循环。

---

① H. Nassar, “*Migration, Transfers and Development in Egypt*,” European University Institute, RSCAS, Research Reports 2005/01, 2005, p. 8.

以大规模社会动荡的爆发为标志，埃及的海外移民活动进入其发展的第六个阶段，即中东区域外移民发展阶段。现有研究表明，大规模社会动荡后，埃及的海外移民活动仍然是过往移民活动的延续。2011年之后，埃及人向中东区域外移民的活动与此前阶段的移民活动有类似的特征。[①]

开罗美国大学移民和难民问题研究中心的两位学者在2012年进行了一项“大规模社会动荡后埃及人的移民观”问题的调查研究，调查埃及的大学教授、政治活动人士、政党创始成员、分析师和各行业专家等对埃及未来移民状况以及埃及移民政策的看法。调查结果显示：其一，被调查对象并没有将大规模社会动荡后埃及的政治环境和氛围视为移民活动的优先考虑事项；其二，出现一个普遍性共识，亦即移民，特别是高技能移民活动，不可避免地将会以更快的速度持续下去，因为“推动埃及人向外移民的因素依然存在，而且在大规模社会动荡后进一步增强”。[②]

国际移民组织在埃及社会动荡爆发后不久就对埃及人的移民动机问题开展了调查。在750名埃及受访者中，79%的人表示他们面临的最大困境是就业难题，43%的受访者声称工资水平和薪酬太低，其他主要问题是腐败、安全、教育和健康方面的。与预期不同，埃及的政治和经济状况并未被视为问题，而且有超过50%的受访者乐观看待埃及未来的政治和经济安全。在表示希望移民的受访者中，只有15%的受访者称是因为2011年的社会动荡，而其他受访者要么

---

① D. Abdelfattah, “Impact of Arab Revolts on Migration,” Analytic and Synthetic Notes 2011/68, p. 9.

② H. Hafez and A. Ghaly, “The Arab Spring and Migration in Egypt: One Year on: Impacts, Perceptions and Attitudes,” MPC Research Report 2012/05, Florence: EUI, 2012, p. 11.

在大规模社会动荡爆发前就有此想法，要么已经开启移民进程。大规模社会动荡爆发后，埃及移民活动的主要驱动因素依然是工作机会缺少和生活状况糟糕。

将上述调查结果与人口理事会在2009年实施的“埃及年轻人调查”的结果数据进行比较，可以发现，结论完全一致。大规模社会动荡爆发前后的潜在移民原因非常相似，缺乏就业机会是埃及移民活动的主要推动因素。

上述结论与2000年在其他几个阿拉伯国家进行的移民驱动因素调查结果没有什么不同，总的来说，经济动机是大规模社会动荡爆发前后中东国家人民向海外移民的主要推动因素。只不过大规模社会动荡爆发后，对科普特人、基督徒和精英人士而言，政局不稳定和缺乏安全是推动他们考虑移民的新因素而已。[①]

因此，可以得出结论，埃及永久性的海外移民活动并没有受到大规模社会动荡的多少影响。

本章的讨论和分析表明，埃及似乎不是在追赶全球化进程，而是在全球政治经济中日益边缘化。过去30多年中，埃及的外商直接投资存量份额不断降低。尽管萨达特政府在1974年开始实施自由化和私有化政策，但这些政策举措并没有让埃及吸引更多的外国投资。相反，在过去的30多年中，埃及的外商直接投资存量份额和外商直接投资流入份额都已出现实质性减少。就埃及的全球跨国并购状况而言，该国也被边缘化了。埃及的贸易开放度在整个20世纪90年代同样处于非常低的水平。

---

① D. Abdelfattah, “Impact of Arab Revolts on Migration,” p. 8.

即使埃及在国际货币基金组织和世界银行的支持下实施了大规模的经济结构重组和稳定计划，但其在国际经济活动中还是日渐边缘化。埃及案例事实上表明，一个经济体即便采用了新自由主义经济政策，也不一定会更好地融入全球政治经济，有时候可能适得其反。

经过几十年的自由化、私有化和经济重组，埃及的海外侨汇继续作为其最稳定的GDP收入来源之一，而且越来越多地来自最发达国家。的确，海外永久移民，特别是技术移民的人数正在增加，这是埃及在全球政治经济中日益边缘化的重要标志。

第九章　全球化进程中利比亚的经济困境

在埃及社会动荡进入高潮之际，亦即穆巴拉克政权垮台后没几天，利比亚人应声掀起了一场推翻本国独裁者卡扎菲的斗争。但是，较之于埃及和突尼斯的社会动荡，利比亚的情况至少存在两点不同。第一点，在利比亚进行的反卡扎菲政权的斗争注定会持续更久，这是因为更有效掌控着利比亚军事力量的卡扎菲拒绝交出利比亚国家的领导权。最终，在北约的直接军事干预下，利比亚的反卡扎菲力量在历经6个月的战斗之后，成功地实现了他们的目标，亦即2011年8月底控制了的黎波里。[①] 第二点，利比亚的社会动荡更加暴力化。卡扎菲拒绝下台以及利比亚不同派系间敌对行动的不断加剧导致利比亚社会动荡更加暴力化。

但是，上述两点并非这些国家所发生的社会动荡之间的仅有差别。利比亚独特的国情在塑造该国社会动荡的过程中发挥了重要作用，并且注定在利比亚境内的敌对行动结束之后依然会发挥至关重要的作用。首先，也最为重要的是，与大规模社会动荡波及的其他两个国家的情况不同，利比亚不在资源匮乏的中东国家之列，而是一个产油国。这也意味着大规模社会动荡在利比亚发生的政治经济背景与邻国埃及和突尼斯的情况大不相同。

① F. A. Boyle, *Destroying Libya and World Order* (Atlanta: Clarity Press, 2013), p. 2.

就目前人类社会的发展状况而言，从一定意义上讲，石油资源对于拥有和开发它的发展中国家而言，既是一种福音，也是一种祸害。因为无论采取何种统治方式，石油资源都允许这些国家的统治者作出较之于资源匮乏国家的统治者不同的选择。[①]

如有学者指出的，在卡扎菲的身上的确存在着阿拉伯民族主义者、独裁者的印记和特质。[②] 但是，卡扎菲身上亦呈现了较之于其他阿拉伯国家统治者明显不同的特质，这反映在他统治利比亚的40年里所实施的一系列政策举措以及这些政策举措引发的西方的反应上面。

本章拟从卡扎菲独特的政治/经济实验与西方的反应这两个维度探讨和分析西方针对利比亚的政治经济孤立及其影响。正是这种孤立政策导致利比亚在全球一体化进程中日益边缘化。在此基础上，总结评估利比亚在全球政治经济中边缘化的程度。

一、卡扎菲经济改革实验的背景

即使是在中东地区非常特殊、复杂的政治经济背景下，人们依然很难去否认卡扎菲在利比亚推行的经济改革实验的特殊性。1951年12月24日宣告独立的利比亚，经济活动主要以农业为主，血缘关系是主要的社会经济分配机制。[③] 对新生的利比亚而言，经济发展面临的挑战毫无疑问是巨大的，个中缘由略举几个。其一，利比亚宣

---

① R. Owen and S. Pamuk, *A History of Middle East Economies in the 20th Century* (Cambridge, MA: Harvard University Press, 1999), p. 5.

② D. Vandewalle, *Libya since Independence: Oil and State-building* (Ithaca: Cornell University Press, 1998), p. 76.

③ D. Vandewalle, *Libya since Independence: Oil and State-building*, p. 48.

告独立之际，约90%的利比亚人是文盲。其二，利比亚当时是世界上最贫穷的国家之一，人均年收入只有35美元左右。[①] 其三，全国只有1.2%的土地适宜于农业生产，只有5%的土地能够获得灌溉。

然而，石油让这一切很快就发生了变化。[②] 1955年，伊德里斯王朝颁布了《石油法案》，开始允许对利比亚境内的石油资源进行勘探活动。1959年，在利比亚境内发现了第一批油田，1961年后，外国石油公司在该国正式开始进行石油生产，日产量为两万桶。[③] 1961年，利比亚正式开始出口原油。石油的发现彻底改变了这个地中海南岸国家原本渺茫的生存和发展前景。国际石油公司缴纳的矿产资源勘探费和石油生产的分成收益很快就将利比亚塑造成为资源租赁分配国家的经典案例。国家，抑或更准确言之，此时的伊德里斯王朝的主要功能就是分配石油收入，同时保持其实质性的部落社会结构。[④]

几年之内，利比亚就迅速成为全球第四大石油生产国。[⑤] 由于1955年出炉的利比亚《石油法案》对利比亚政府的油价水平控制权限进行了限制性规定，西方石油公司有强烈的意愿和动力将勘探开发利比亚油田的能力提升至最大程度，如此西方石油公司的获利亦能够最大化。值得一提的是，伊德里斯王朝之所以如此制定1955年的《石油法案》，初衷在于借之吸引尽可能多的西方石油公司，因为当时利比亚政府赞同以产能为导向而不是以价格为导向的石油勘探开发策略。此举也的确让利比亚的石油产量和收入在20世纪60

---

① 约翰·赖特:《利比亚》，陆茵译，上海人民出版社，1974，第394页。

② D. Vandewalle, *A History of Modern Libya*, p. 51.

③ Ulf Laessing, *Understanding Libya since Gaddafi*, p. 135.

④ R. Owen, *State, Power and Politics in the Making of the Modern Middle East* , p. 53.

⑤ D. Vandewalle, *A History of Modern Libya*, p. 52.

年代都出现了急剧增长，尽管不是贴牌油价，但这是石油生产国应税收入的基础。[①] 到1962年，有19家西方石油公司获得了84项特许权，其中大部分公司来自美国和英国。[②] 到1963年，利比亚共有437口油井，石油出口占该国出口总额的99%左右。[③] 在1968年卡扎菲掌权前夕，利比亚向39家主要和独立的欧洲石油公司授予了137项特许权，这一切使得利比亚的石油产量达到日产260万桶。[④] 此后，利比亚石油日产量一路飙升，1969年为300万桶，1971年高达370万桶。[⑤]

纵观整个石油产业的发展史，从未出现过如此爆发性的扩张案例。第三次中东战争爆发以及苏伊士运河关闭之后，这一状况进一步凸显。这是因为利比亚的石油可以直接通过地中海、直布罗陀海峡输往欧洲。如此欧洲国家就不必舍近求远、劳民伤财地绕道非洲南端的好望角将海湾地区的石油运往欧洲。[⑥] 正是基于如此考虑，西方石油公司将利比亚的石油产能提升到最大化以节省成本。

这些事态的发展对利比亚经济的影响是显而易见的。该国经历了前所未有的经济繁荣。到1968年，亦即在不到十年的时间内，利比亚的人均年收入从1960年的五六十美元飙升至2000美元。仅凭石油出口，20世纪60年代，利比亚GDP每年剧增约20%。[⑦] 毫无疑问，利比亚与日俱增的石油财富为卡扎菲上台后的政策举措提供了基础。

---

① John Ronald Bruce St., *Libya: From Colony to Independence* (Oxford: Oneworld Publications, 2012), p. 33.

② D. Vandewalle, *Libya since Independence: Oil and State-building*, p. 49.

③ D. Vandewalle, *A History of Modern Libya*, p. 58.

④ John Ronald Bruce St., *Libya: From Colony to Independence*, p. 123.

⑤ Ulf Laessing, *Understanding Libya since Gaddafi*, p. 135.

⑥ John Ronald Bruce St., *Libya: From Colony to Independence*, p. 35.

⑦ D. Vandewalle, *Libya since Independence: Oil and State-building*, p. 50.

二、卡扎菲的经济改革尝试

1969年9月1日，以卡扎菲为首的利比亚自由军官组织通过发动“九月革命”夺取了该国的领导权。此后不久，卡扎菲就担任了利比亚革命指导委员会的发言人，在历经短暂过渡后亦进一步成为革命指导委员会的新领导人。因为利比亚的革命政权深受纳赛尔主义的影响，混合了民族主义和社会主义的纳赛尔主义思想就成为利比亚新政府政治行动的意识形态基础。对卡扎菲而言，纳赛尔主义正是他希望在利比亚所实现的：独立于外国（西方）人、人口繁荣和阿拉伯统一。在纳赛尔逝世之后，卡扎菲自视为纳赛尔衣钵的主要继承人。其时，卡扎菲自认为统治利比亚的使命就是实现该国的政治、经济和社会结构转型。1977年3月成立的“大利比亚阿拉伯人民社会主义合众国”以及“人民权威政府”治理模式正是卡扎菲这一理念的实践和体现。在卡扎菲的视域中，利比亚丰富的石油和天然气资源的勘探开发是实现利比亚革命目标，亦即利比亚发展宏图的主要手段。利比亚新政府通过了许多旨在促使利比亚实现进一步发展繁荣以及确保发展和财富惠及一般利比亚大众的法律法规。在卡扎菲统治的前4年，利比亚政府在教育、扫盲识字和医疗保健等方面的支出急剧增加。①

当然利比亚民众也切实感受到了新政府带来的福祉，这主要体现在如下四个方面。

首先，利比亚的工人看到他们的最低工资在增长。不仅如此，政府还提供了无息贷款和免费住房，并且在革命一周年时免除了先

① R. Owen, *State, Power and Politics in the Making of the Modern Middle East*, p. 54.

前的贷款偿还要求，甚至允许工人参加公司的利润分成。[①]

其次，利比亚的农业部门也从卡扎菲的经济实验中受益匪浅。前政府没收的土地重新分发给了农民，他们可以以实际价值10%的惊人折扣价购买他们需要的东西。农民在农业获益前还能够获得薪水保障。

再次，银行被国有化，政府在1970年获得了银行51%的控制权。这允许贷款补贴扩大到住房领域，尤其是扩大到农村房屋建设项目上。

最后，小企业亦可从“利比亚优先”政策中受益，该政策要求利比亚政府只与利比亚的企业签订相关商业合同。[②]

利比亚的惠民举措都需要以利比亚石油出口收入作为前提和基础，所以卡扎菲经济改革实验的当然组成部分和重中之重就是实现政府对利比亚整个石油产业的有效掌控。

在伊德里斯王朝时期，利比亚的油气资源政策是产能导向的，亦即通过授权外国石油公司最大限度地勘探和开发该国石油资源以提高利比亚财政收入。到1970年，利比亚已经日产370万桶石油。其时，石油出口占利比亚商品出口的99.82%，在出口收入中的占比亦高达98.7%。[③] 但是，石油产业吸纳就业者的能力颇为有限，所能提供的就业岗位仅占利比亚就业岗位需求的1%，这导致利比亚的经济结构出现极度的不平衡。[④] 因此，在利比亚石油产业中拥有更大的发言权就成为卡扎菲经济改革试验的重要前提和优先事项。鉴于利比亚人本身缺乏必要的专业知识和技术能力来自主开发这一丰富的

---

① D. Vandewalle, *Libya since Independence: Oil and State-building*, p. 72.

② D. Vandewalle, *Libya since Independence: Oil and State-building*, p. 73.

③ D. Vandewalle, *A History of Modern Libya*, p. 89.

④ D. Vandewalle, *Libya since Independence: Oil and State-building*, p. 74.

自然资源，所以石油生产的直接国有化就不具有可行性。

此情之下，为了获取对利比亚石油的更大控制权，卡扎菲政府采取了“三步走”战略。第一步举措是修订1955年颁布的《石油法案》引入的产能导向优先于定价机制这一规则。卡扎菲政府通过削减利比亚的石油产能进行干预。[①] 此举的目标是提高石油价格，从而增加利比亚政府从国际石油公司中获得的税收。为此目的，1969年12月，利比亚革命指导委员会决定成立一个专门的委员会，就提高油价与国际石油公司进行谈判，这一举措在伊德里斯王朝时期是完全不可想象的。[②] 同时，利比亚政府还降低了个别石油公司的生产配额，从而开始逐步实现对石油产业的更多控制。[③] 卡扎菲政府的这一策略在某种程度上被证明是成功的。1971年4月2日签署的《的黎波里协议》明确同意了卡扎菲政府提出的提高油价要求。这一胜利使得利比亚人在利比亚石油生产中获得了更大份额的利润。[④]

在与国际石油公司谈判中的首战告捷增强了卡扎菲政府控制本国碳氢资源的信心和勇气，促使其更坚定地迈向“三步走”战略的第二步。这一阶段卡扎菲政府的策略侧重于增强利比亚国家石油公司在利比亚石油产业中所扮演的角色。最后，利比亚国家石油公司收购了所有国际石油公司在价格谈判后已放弃的特许权。尽管国际石油公司试图通过秘密协议暗中回购所有先前放弃的特许权，但利比亚政府最终取得了胜利。这开启了利比亚政府争夺对本国石油资源的更大控制权的第三步。

1971—1973年，利比亚政府先后宣布持有在利活动的所有外国

---

① John Ronald Bruce St., *Libya: From Colony to Independence*, p. 146.

② D. Vandewalle, *A History of Modern Libya*, p. 90.

③ John Ronald Bruce St., *Libya: From Colony to Independence*, p. 147.

④ D. Vandewalle, *Libya since Independence: Oil and State-building*, p. 76.

石油公司的大部分股权。及至1973年9月1日，利比亚政府宣布，利比亚境内石油生产实现国有化，政府持有大石油公司51%的股份。[①] 同年，利比亚收购了英国石油公司51%的股份。[②] 1974年2月，利比亚收购了德士古、利比亚美国石油公司和加州亚太石油公司等3家美国石油公司51%的股份。[③]

对西方石油公司的完全国有化举措结束之际，亦是卡扎菲的经济目标之控制石油产业实现之时。卡扎菲对利比亚石油产业主导权的争夺使其声誉日隆，在中东地区越来越被视为纳赛尔衣钵的真正继承人和泛阿拉伯主义事业的当然领袖。

掌握利比亚石油产业主导权后，卡扎菲政府为声援和支持1973年10月阿以冲突中的阿拉伯国家一方，决定实施部分石油禁运。国际油价应声上涨，迅速飙升两倍。卡扎菲此举为其在阿拉伯世界赢得政治利好的同时，也为利比亚带来了实实在在的经济收益。到1973年第三季度，利比亚的外汇储备已经达到20亿美元，这意味着即便在国际石油禁运的情况下利比亚政府仍然足以维持大约4年的物资进口活动。石油出口收入的剧增也让利比亚的人均年收入从1951年的约35美元增至1969年的2200美元，1979年进一步飙升至1万美元。[④]

卡扎菲政府将积累的经济收益投入卡扎菲的经济改革实验之中。[⑤] 在农业方面，利比亚政府在1970年开始重新分配从赛鲁西政

---

① John Ronald Bruce St., *Libya: From Colony to Independence*, p. 148.

② D. Vandewalle, *A History of Modern Libya*, p. 173.

③ D. Vandewalle, *Libya since Independence: Oil and State-building*, p. XXV.

④ John Ronald Bruce St., *Libya: From Colony to Independence*, p. 174.

⑤ S. E. Ibrahim, *The New Arab Social Order: A Study of the Social Impact of the Oil Wealth* (Boulder, CO: Westview Press, 1982), p. 39.

府和意大利人手中没收的土地。在工业方面，卡扎菲政府在1970年规划了利比亚新工业基础设施建设的主要举措：其一，国家接管大型工业企业，如液化厂和炼油厂；其二，保留小型私人企业，但须在政府制定的经济政策框架内进行生产经营活动。[①]

两年后，在《三年经济和社会发展计划（1973—1975）》中，卡扎菲政府对利比亚未来的经济发展目标进一步细化：其一，利比亚的GDP年增长率为11%；其二，加大发展利比亚非石油经济的力度；其三，加大对农业的倾斜性投资，旨在使利比亚在粮食生产上实现自给自足。当然，所有这些开支都需要石油收入予以支持。不过，1973年的全球石油危机，亦即利比亚人所说“石油繁荣”带来的石油收入的暴涨使卡扎菲政府相应地增加改革投入成为可能。新的大规模工业建设开始启动，通过利比亚产业银行扩大信贷以生产国内消费品，公共资金用于资助建设工业基础设施。与此同时，银行业、保险公司和医院已被国有化或以其他方式置于政府的控制之下。[②] 20世纪70年代的两次石油繁荣给利比亚政府带来了大约950亿美元的收入，大量的石油美元收益毫无疑问让卡扎菲政府有条件开展和推进其经济改革实验。[③]

利比亚在“九月革命”后的十年里的转型成果也着实令人惊讶。在政治领域，人们通过创新的委员会和代表大会制度直接负责管理国家机构。从经济角度来看，利比亚的变革更具革命性，这是因为禁止了所有私人经济活动。利比亚石油产业积累的财富用于了支持雄心勃勃的福利国家计划、大型工业项目和政府合同。[④] 这一切为

---

① D. Vandewalle, *A History of Modern Libya*, p. 92.

② D. Vandewalle, *Libya since Independence: Oil and State-building*, pp.78, 79.

③ R. Owen, *State, Power and Politics in the Making of the Modern Middle East*, p. 55.

④ R. Owen, *State, Power and Politics in the Making of the Modern Middle East*, p. 55.

卡扎菲政府的合法性以及随后一系列政策举措的出炉奠定了坚实的基础。

在此背景下，卡扎菲提出了通过“持久革命”建设“人民权威政府”计划。卡扎菲在其所著《绿皮书》中设定了该计划的意识形态基础。[①] 不可否认的是，在卡扎菲的经济改革实验过程中，“国家”这一共同体概念和意识得到传播，在利比亚经济建设和发展中亦获得了至关重要的角色。这里需要指出的是，后卡扎菲时期利比亚之所以深陷内战泥潭，尽管个中缘由十分复杂，但很重要的一点在于卡扎菲时代强力开启的利比亚国家共同体建构努力收效甚微，国家共同体意识还很脆弱。

三、卡扎菲政府对西方制裁的应对

卡扎菲深谙利比亚的著名谚语：“如果你的口袋空了，你的缺点会很多。”[②] 因此，在利比亚的经济改革试验中，他始终将掌控利比亚的石油开发作为核心目标和手段。在面对全球化进程带来的一系列挑战，尤其是美西方的制裁、封锁和孤立时，卡扎菲政府尽管未必会黯然神伤，但一定会毫无良策。一旦石油出口受限导致无法维持相同的支出水平，势必会带来一波又一波的社会不满和动荡，最终引发大规模社会抗议浪潮。

就埃及和突尼斯两国爆发动荡的案例而言，国家危机源于两国无法跟上全球化进程。就利比亚而言，情形亦是如此。不过，西方国家对卡扎菲政府的制裁、孤立、封锁等举措在利比亚的边缘化进

---

① R. Owen, *State, Power and Politics in the Making of the Modern Middle East*, p. 54.

② D. Vandewalle, *Libya since Independence: Oil and State-building*, cover.

程中起到了推波助澜作用。美西方的种种举措在削弱该国消费能力方面的作用极为突出。当然，西方国家对卡扎菲政府的态度与其夺取利比亚石油资源主导权密不可分。

1975年，亦即卡扎菲政府掌握在利比亚的美国石油公司51%的股权之后，美国宣布对利比亚购买战略武器装备以及在特定飞行器上训练利比亚人实施一系列限制措施。1977年2月，美国国防部亦将利比亚加入潜在敌对国名单之中。1981年底，美国决定停止所有从利比亚的原油进口。不仅如此，美国亦禁止了除食品和药品外所有对利比亚的出口业务。同时，美国两大石油公司埃索标准利比亚和埃索苏尔特放弃了在利比亚的油田。1983年初，美孚石油公司也离开了利比亚。其他在利比亚的西方石油公司削减了产能或推迟了原本与利比亚政府已经签署的合同。[①] 虽然卡扎菲政府竭力向国际石油公司提供折扣和实行激励措施，但利比亚经济还是受到国际石油公司纷纷撤离的沉重打击。

国际石油公司纷纷撤离，深究其因，是对利比亚与西方大国之间不断升级的对峙的担忧。一方面，法国因利比亚对1960年取得独立的前殖民地乍得内部事务的干预而显现出强烈的反对姿态。[②] 另一方面，利比亚与美国的冲突与日俱增，而这对利比亚的政治经济影响更甚。1981年8月，美国在苏尔特湾地区击落了两架利比亚喷气式战斗机。此后不久，美国宣布完全抵制利比亚石油，仅此一项措施就使利比亚的收入减少了三分之一。1986年4月，美国开始直接进攻利比亚，对利比亚城市的黎波里和班加西等地进行了狂轰滥炸。[③]

---

① D. Vandewalle, *Libya since Independence: Oil and State-building*, pp. XXXI, 119.

② G. Simons, *Libya and the West: From Independence to Lockerbie*, p. 49.

③ John Ronald Bruce St., *Libya: From Colony to Independence*, p. 197.

上述一系列对抗事件显然影响了利比亚的石油生产，该国原油的日产能从1981年第一季度的170万桶暴跌至年末的60万桶，1981年的总产量也比1980年下降了40%。石油收入亦因之从1981年的210亿美元减少到1986年的54亿美元。①

利比亚石油收入的锐减对卡扎菲的经济改革实验无疑是重要一击，也是对其能否继续的一项至关重要的考验。利比亚政府开始通过削减公共开支来弥补收支失衡。1987年3月，卡扎菲政府制定和实施了一系列经济改革举措。这些政策举措被誉为利比亚的第一次“对外开放”。在利比亚“对外开放”前夕，直接受雇于利比亚整个国家行政官僚体系的人员在国家人口中的占比畸高，达到70%—75%，而美国的制裁又使国家财政收入显著减少。卡扎菲政府开始实施旨在限制国家对经济进行干预的改革举措，具体内容有三：首先是削减国家支出；其次是减少公共补贴；最后是促进私人参与工业、农业和商业活动。②

1987—1990年，利比亚实施了第一轮以自由化为主要特征的改革举措，主要内容包括以下几个方面。其一，改革农业和工业部门，取消进口替代政策，采取现代管理方式。其二，释放经济活动中私营部门的活力，促进经济自由化发展。其三，改进自我管理形式，鼓励集体管理理念，允许建立合作社。其四，将1978年取消的私营经济重新引入利比亚的经济活动之中。取消零售业禁令，全国各地的露天市场再次被允许开放经营。一年后，约有140家中小企业被委托给自我管理委员会，不再依赖公共补贴。③ 其五，放宽对进出口部门的管制，允许进行必要的私人进出口业务。其六，取消一系列

① D. Vandewalle, *A History of Modern Libya*, p. 113.

② D. Vandewalle, *Libya since Independence: Oil and State-building*, pp. 123, 151.

③ John Ronald Bruce St., *Libya: From Colony to Independence*, p. 195.

针对农产品的价格补贴，同时允许农民在市场上自由出售货物合法化。其七，成立石油投资债券基金，以提高利比亚炼油能力以及促进利比亚石油在欧洲的销售，希冀获得更多的外汇收入。[①]

很快，卡扎菲政府就推出了第二轮改革举措。伴随此轮改革进程的推进，利比亚的自由化进程亦进入高潮。第二轮改革的政策举措主要包括五个方面内容。其一，为了吸引尽可能多的外国投资，卡扎菲政府对利比亚的国营和私营部门的劳动进行了明确区分。这里值得一提的是，卡扎菲政府自成立以来，还是第一次提出这种公私区分决定。其二，利比亚政府决定采取措施为外国资本提供特别保障，吸引外国公司参与利比亚的旅游业。其三，促进外国投资便利化。其四，为私人公司开立外币账户以方便其从国外进口机器设备，简化相关审批手续。其五，允许通过获得利比亚国家和商业银行的信用贷款成立私有化程度更高的公司。

与此同时，卡扎菲政府采取了更加果断的行动来降低利比亚的公共开支：[②] 其一，支出权下放；其二，减少公共部门雇员人数；其三，增加地方当局承担的财政责任。

利比亚政府竭力吸引外资、削减公共支出和复兴私营企业的种种政策举措都是为应对其在国际社会中日渐孤立的处境。在以美国为首的西方国家系统性地切断与卡扎菲政府的所有外交和贸易关系，尤其是1986年美国轰炸的黎波里和班加西之后，卡扎菲政府试图通过改革计划将利比亚从经济危机和政治困境中解救出来。[③]

---

① D. Vandewalle, *Libya since Independence: Oil and State-building*, p. 152.

② D. Vandewalle, *Libya since Independence: Oil and State-building*, p. 153.

③ D. Vandewalle, *Libya since Independence: Oil and State-building*, p. 152.

四、利比亚的孤立处境与经济边缘化

（一）洛克比空难与不断加码的制裁

卡扎菲政府推出的以改革和自由化为主要手段的纾困举措并没有真正改善利比亚所处国际孤立状况。利比亚政府宣布的第一轮改革举措在某种意义上被视为卡扎菲政府向国际社会示弱的信号。而洛克比空难的发生让原本糟糕的利比亚内外环境雪上加霜，导致利比亚在国际社会中的孤立困境进一步加剧。

鉴于洛克比空难对利比亚的政治经济孤立处境产生了至关重要的影响，这里十分有必要回顾一下该悲剧性事件。1988年12月21日晚，从伦敦希思罗机场飞往纽约肯尼迪机场的泛美航空大型喷气式客机（PA103）在飞经英国边境小镇洛克比上空时发生爆炸，导致所有乘客和飞行机组成员死亡，同时导致地面上的11人遇难。洛克比空难与1989年9月19日的法航联合航空空难被视为有利比亚人参与其中、针对西方的恐怖袭击活动。因此，这两起空难很快就成为美国等国家对业已深陷困境的利比亚经济实施更多制裁的直接原因。[①]

美英两国以洛克比空难嫌疑人违反了相关的国际法，特别是1971年的《蒙特利尔公约》为由，坚持要求将两名利比亚籍犯罪嫌疑人引渡到美国或英国受审（尽管当时利比亚与美英两国之间不存在引渡条约）。但是，利比亚政府认为并明确表明其拥有不引渡犯罪嫌疑人而是将其在利比亚进行审判的权力。[②] 利比亚政府的这一态

① G. Simons, *Libya and the West: From Independence to Lockerbie*, p. 141.

② G. Simons, *Libya and the West: From Independence to Lockerbie*, p. 144.

度基于如下两点理由：其一，引渡犯罪嫌疑人有违利比亚的相关法律；其二，引渡犯罪嫌疑人有违《蒙特利尔公约》。然而，美英无视国际法赋予利比亚的正当权利，采取一系列手段施压以继续寻求引渡这两名利比亚籍犯罪嫌疑人。[①]

美英两国在1991年11月14日，公开宣布，两个利比亚人应为洛克比空难事件负责，需要将之引渡和审判。美国暗示，如果卡扎菲政府拒绝交出这两名嫌疑人，其有可能对利比亚实施国际制裁，甚至会再次采取军事行动。

1991年11月27日，美、英、法三国签署了三方宣言，在要求利比亚政府交出犯罪嫌疑人的同时，还要求利比亚政府对洛克比空难承担全部刑事和经济责任。在高压之下，利比亚政府逮捕了这两名犯罪嫌疑人，并在1991年12月对之进行了审判。

美英拒绝承认利比亚处理此案的合法性，并促使联合国安理会通过了一项决议，亦即第731号决议。该决议谴责了洛克比空难和法航联合航空空难的制造者，强烈谴责利比亚政府在此问题上的不作为，敦促利比亚政府做出回应，要求联合国秘书长寻求利比亚的合作，敦促所有国家促使利比亚政府做出积极回应。[②]

然而，卡扎菲依然拒绝交出犯罪嫌疑人。卡扎菲的这种强硬态度亦导致安理会对利比亚政府的进一步施压。1992年3月31日，联合国安理会通过了第748号决议，对利比亚实施如下强制性但仍然有限的制裁举措，核心内容有三：其一，禁飞所有往返利比亚的航班；其二，缩减利比亚外交使团的规模；其三，对利比亚实施全面武器禁运。这一决议无疑进一步孤立了利比亚。1993年11月，联合

---

① F. A. Boyle, *Destroying Libya and World Order*, p. 35.

② G. Simons, *Libya and the West: From Independence to Lockerbie*, p. 148.

国安理会通过了一项对利比亚经济而言可谓雪上加霜的新决议，即第883号决议，具体内容有三：其一，适当冻结利比亚在海外的巨额资产；其二，强化安理会第748号决议中包含的措施；其三，禁止向利比亚出口各种设备。此条禁令显而易见是为了阻止利比亚的整个石油生产。然而，鉴于欧洲国家对利比亚石油的高度依赖，这一目标势必无法完全实现，但利比亚的石油收入毫无疑问会因制裁受到重创。①

此外，尽管美国设法通过联合国决议对利比亚实施全球石油禁运未能如愿，但其借助1996年8月通过的美国国内法《伊朗和利比亚制裁法案》几乎实现了上述目标。该法案规定，对投资利比亚石油产业超过4000万美元的外国公司进行制裁。不过，美国与欧洲国家因这些条款的合法性问题引发的争执接踵而至。②

（二）西方对利比亚制裁的灾难性后果

利比亚整个经济体系毫无疑问都受到了西方不断加码的全面制裁的影响，这一切致使卡扎菲政府推行的改革举措事实上完全归于无效。③

对普通利比亚人而言，西方国家推动实施的国际制裁的后果是灾难性的。利比亚常驻联合国代表团呈递的报告谴责了联合国安理会决议造成的人道主义、经济和社会灾难。其估计有15750人因为无法通过乘坐航班出国治疗而死亡；因为没有航空运输而无法及时获得相关药物，导致数千名新生儿和数百名孕产妇死亡；在经济领域，针对利比亚工业和矿业部门的制裁在1998年初导致损失约50

---

① G. Simons, *Libya and the West: From Independence to Lockerbie*, p. 149.

② D. Vandewalle, *A History of Modern Libya*, p. 171.

③ G. Simons, *Libya and the West: From Independence to Lockerbie*, p. 148.

亿美元。同年，联合国“利比亚实况调查团”发现，在实施国际制裁之后，利比亚的GDP已经出现萎缩，外商直接投资减少，通货膨胀率上升，失业率从1992年的不到1%飙升至1996年的12%以上。2012年发布的范德维尔（Vandewalle）报告显示，由于多边制裁，1992—1999年利比亚年度经济增长率仅为0.8%，该国人均GDP从7311美元下降到5896美元。仅在1998年，利比亚出口收入就陡减70亿美元。[①] 受制裁影响最大的是利比亚的医疗卫生、社会服务以及农业和运输业等行业。[②]

一波又一波制裁的破坏性影响相当大。以美国为首的西方国家对利比亚的国际制裁毫无疑问加剧了全球化进程中利比亚的边缘化形势，使利比亚的整个经济日趋弱化并且无法应对现代化的压力。尤其是在石油产业中，石油产能在20世纪90年代大幅度下降。据估计，从美国手中接管然后交给利比亚国家石油公司运营的油田每年的产量下降约8%。[③]

总而言之，对利比亚的制裁，对于原本就虚弱不堪的利比亚经济而言，无疑是雪上加霜。

（三）对利比亚的制裁在西方世界的回响

对利比亚的制裁在给利比亚带来灾难性影响的同时，亦对美英产生了一些影响。由于西方石油公司渴望再次进入利比亚能源领域，所以才有了在中立的荷兰根据苏格兰法律审判制造洛克比空难的两名嫌犯的决定。当两名犯罪嫌疑人于1999年4月在荷兰接受苏格兰法官审理时，联合国冻结了对利比亚的制裁，并最终在2003年予以

---

① D. Vandewalle, *A History of Modern Libya*, pp. 152,155.

② G. Simons, *Libya and the West: From Independence to Lockerbie*, p. 157.

③ G. Simons, *Libya and the West: From Independence to Lockerbie*, p. 157.

撤销。但是，美国继续基于《伊朗和利比亚制裁法案》单方面施加对利比亚的禁运。尽管如此，一些西方国家与利比亚的贸易得以恢复，[①] 针对该国的军事行动威胁亦暂告一段落。

如前文所述，在1982年对利比亚原油实施进口禁令之前，美国曾经是利比亚石油的最大进口国。然而，按照美国的禁令以及美国政府1986年的决定，到了1988年，所有主要和独立的美国石油生产商已经撤离利比亚。法国的一些石油公司也离开了利比亚。

此情之下，利比亚只好在其他欧洲国家寻求石油产品销售市场。然而，随着针对拉什·拉努夫炼油厂（该炼油厂是利比亚与德国、意大利建立稳固贸易关系的基础）产品禁令的实施，利比亚又不得不开始与土耳其和巴西等非欧洲的新合作伙伴进行贸易。与此同时，为了阻止石油生产下降带来的收入下滑趋势，利比亚开始允许开发自己的巨量天然气资源。这些举措巩固了利比亚努力建构的新国际贸易关系。[②]

很显然，在整个洛克比空难问题解决时期，利比亚与美国、法国、英国旧有的经济关系被其与意大利、德国等贸易伙伴间的经贸关系取代。当1999年4月联合国的多边制裁被冻结后，这些新贸易伙伴从利比亚的新投资环境中受益最多。尽管美国在2004年9月已经取消所有针对利比亚的特定贸易制裁，但直到2007年两国间的外交和贸易关系才实现正常化。[③]

---

① G. Simons, *Libya and the West: From Independence to Lockerbie*, p. 164.

② D. Vandewalle, *A History of Modern Libya*, p. 153.

③ IMF, “The Socialist People’s Libyan Arab Jamahiriya: 2004 Article IV Consultation,” Staff Report, IMF, Washington, 2005, p. 5.

（四）国际货币基金组织主导下的利比亚经济改革

实难否认的是，亦如利比亚的政治经济孤立所揭示的，石油在西方与利比亚的关系变迁中起着至关重要的作用。国际能源专家认为，利比亚仍然是世界上最具吸引力的石油和天然气产地。这是因为大约有四分之三的利比亚领土尚未被勘探，估计利比亚原油蕴藏量高达390亿桶。不仅如此，其储量高达510亿立方英尺的巨量天然气资源亦几乎尚未被开发。然而，该国的政治局势和有关卡扎菲国际地位的不确定性等因素仍然是外国投资的障碍。[①]

2001年的"9·11"事件以及随后的反恐怖主义战争给利比亚政府摆脱被孤立处境带来了新契机，亦为利比亚发展注入了新动力。不过，此时的卡扎菲政权日渐失去对利比亚日趋敌对的市民社会的绝对控制。

自2001年8月起，美国国会就根据《伊朗和利比亚制裁法案》恢复了对利比亚的单边制裁，这种单边制裁一直持续到2006年。但与中东地区许多国家相反，当然也有悖于该地区许多人的直观感觉，卡扎菲政权从一开始似乎就是美国反恐怖主义战争的盟友，而非敌人。[②] 不仅如此，在2002年，卡扎菲政权亦决定将第纳尔与特别提款权挂钩，推进外贸自由化以使该国的投资环境更具吸引力。[③] 此后不久，利比亚人民代表大会决定，启动利比亚新一阶段的改革进程。2003年，卡扎菲最终决定放弃寻求大规模毁灭性武器之努力。卡扎菲此举无疑最终促成利比亚打开与西方国家的和解之门。

---

① D. Vandewalle, *A History of Modern Libya*, p. 177.

② D. Vandewalle, *A History of Modern Libya*, p. 171.

③ IMF, "The Socialist People's Libyan Arab Jamahiriya: 2009 Article IV Consultation," p. 6.

利比亚是世界产油国中经济多元化程度最低的国家，[①] 卡扎菲政府将经济自由化视为解决利比亚所面临的一切困境的万能“药方”。在接下来的几年里，利比亚人民代表大会同意实施一系列国际货币基金组织建议的新自由主义经济措施，核心内容是实现经济的多元化、私有化和经济结构的现代化。

2003年4月29日至5月15日，卡扎菲政府有史以来第一次与国际货币基金组织就利比亚的经济结构重组问题进行磋商，并达成如下共识：利比亚经济的更高增长率和多元化可能只有通过放松管制、降低公共部门的主导作用、发展私营部门才能实现。[②] 国际货币基金组织利比亚工作组还为改革利比亚的经济制定了中期战略规划。2004—2005年，利比亚政府按照这一中期战略规划开始推进如下四点改革举措：其一，实质性精简关税列表；其二，部分放开利比亚的利率；其三，扩大私有化项目和外国投资的范围；其四，启动主要国有银行的私有化进程。[③]

接着在2006年，利比亚政府进一步废除了大多数商品的进口垄断规定，废除了非石油部门的外商直接投资便利化障碍。[④]

及至2007年，利比亚政府就适度增加自1981年以来被长期冻结的公共部门工资问题，与国际货币基金组织达成了如下共识：其一，削减大约23%的补贴预算；其二，精简利比亚公共部门，将约

① John Ronald Bruce St., *Libya: From Colony to Independence*, p. 248.

② IMF, “The Socialist People’s Libyan Arab Jamahiriya: 2009 Article IV Consultation,” p. 4.

③ IMF, “The Socialist People’s Libyan Arab Jamahiriya: 2009 Article IV Consultation,” p. 9.

④ IMF, “The Socialist People’s Libyan Arab Jamahiriya: 2009 Article IV Consultation,” p. 8.

91万人的利比亚国家雇员削减三分之一；其三，在正式裁减冗员之后，逐步增加工资。颇为有趣的是，虽然国际货币基金组织强调利比亚要减少公共开支，但利比亚政府当时并没有遭遇任何财政危机，2004—2008年财政收支还连续出现盈余。

（五）利比亚改革的不良后果

在利比亚的经济历经几十年的制裁而濒临崩溃之际，卡扎菲最终屈服于国际社会的压力，决定采取新自由主义模式改革。问题的关键在于，这种改革亦产生了巨大的副作用，主要有二：其一，裁员导致该国失业率高达30%，构成日益严重的社会问题，成为社会动荡的重要诱因；① 其二，拆解利比亚的国家机器还潜藏着巨大的政治风险。因此，这些自由化改革举措没能让卡扎菲重新夺回对利比亚社会的主导权。②

事实上，与当年“九月革命”后发生的情况大不相同，实现平等并非卡扎菲政府新政策的目标。受雇于公共部门的工作人员所获薪酬勉强能够维持在城市的生存，因为新自由主义经济政策的逐步落地使他们不得不支付更高的生活成本，特别是住房成本。③ 确实，在2007年有限且有条件的增长之前，利比亚公共部门员工的工资非常低。此外，削减支出的国际压力，特别是国际货币基金组织的压力，令卡扎菲政府搁置了2008年3月制定的利比亚财富分配计划，亦即将部分石油财富分配给人民的计划。④ 随着国家补贴和工资收入

---

① D. Vandewalle, *A History of Modern Libya*, p. 186.

② N. Ayubi, *Over-stating the Arab State: Politics and Society in the Middle East*, p. 394.

③ D. Vandewalle, *A History of Modern Libya*, p. 197.

④ IMF, “The Socialist People’s Libyan Arab Jamahiriya: 2009 Article IV Consultation,” p. 4.

的减少，利比亚的中产阶层进入一种渐进式贫困状态。[①] 事实上，在大规模社会动荡爆发前夕，普通利比亚人对卡扎菲政府的不满情绪已经到达极点。[②]

正如前文的分析，在利比亚社会中的伊斯兰教文化角落，精疲力竭的利比亚人对卡扎菲政府和利比亚社会的各种不满日渐增多。这里颇值得一提的是，尽管遭受了数十年的镇压，但利比亚的伊斯兰教体系依然艰难地保存了下来。与该地区的其他国家尤其是埃及和突尼斯一样，在历经多年的政治和经济剥夺之后，宗教已经成为利比亚中下层社会群体唯一的心灵慰藉。[③] 班加西遍地而起的抗议活动清楚地证明了这一点。

（六）利比亚经济的边缘化状况

利比亚的经济边缘化一方面源于自身的发展困境。利比亚的资源租赁型经济发展模式不仅不具有可持续发展的能力，而且深受外部环境的限制，这在中东地区具有普遍性。石油财富虽然能够为卡扎菲的改革尝试提供资源和手段，但一旦外部环境恶化，石油财富就无法变现，进而影响改革的继续。而卡扎菲决定争夺和掌控利比亚石油资源的方式和路径恰恰会导致外部环境的恶化。在卡扎菲的霸权主义野心和意识形态壮志偃旗息鼓之后，[④] 利比亚政府重新实施的削减开支和国际货币基金组织支持下的新自由主义改革均未能帮助恢复利比亚的经济。

另一方面，当我们评估利比亚在全球政治经济中的边缘化状况

---

① N. Ayubi, *Over-stating the Arab State: Politics and Society in the Middle East*, p. 394.

② D. Kawczynski, *Seeking Gaddafi: Libya, the West and the Arab Spring*, p. 7.

③ D. Kawczynski, *Seeking Gaddafi: Libya, the West and the Arab Spring*, p. 42.

④ D. Vandewalle, *A History of Modern Libya*, p. 78.

时，亦绝不能忽视的是，在20世纪80—90年代的大部分时间里，西方采取的一系列孤立卡扎菲政府的政治经济措施对其产生了重要影响。很显然，尽管经历了20世纪70年代的发展繁荣，但洛克比空难、多年的制裁和商业战争深深伤害了利比亚经济，将利比亚拖入随后的20年危机之中。利比亚经济确实曾一度恢复，并拥有良好的国际贸易关系。但是，2011年的大规模社会动荡导致利比亚的经济完全陷入混乱，GDP锐减约60%，显然这与动荡局势导致的原油开采活动的停止有关。

在全球政治经济一体化进程中，利比亚的边缘化情形在一系列指标中得到了清晰显示。

利比亚的外商直接投资在全球外商直接投资存量中的占比极低。虽然卡扎菲政府在21世纪初曾一度将外资重新引入利比亚，但1980—2011年该国在全球外商直接投资中的占比从未达到0.1%。更为糟糕的是，利比亚的外商直接投资在全球外商直接投资存量中的极低占比总体还呈现下降态势，从20世纪80年代的0.25%下降到大规模社会动荡爆发前的不足0.1%。虽然有意增加利比亚的外商直接投资存量，但卡扎菲政府的前两波改革举措显然未能实现预期目标。利比亚的外商直接投资在全球外商直接投资存量中的份额在20世纪90年代下半期降至几近为零。21世纪初期卡扎菲政府启动的第三波改革只是稍微改善了利比亚的外商直接投资状况。1981—2011年利比亚的全球外商直接投资存量占比状况参见图9.1。

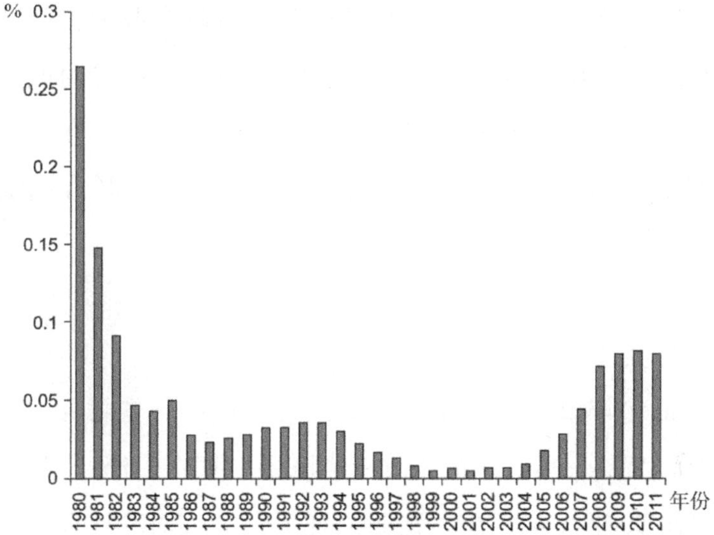

图9.1　1981—2011年利比亚的全球外商直接投资存量占比

资料来源：作者自制。

如果考察1981—2011年利比亚的全球外商直接投资存量十年均值占比，我们亦可得出类似的结论。

需要指出的是，与埃及和突尼斯两国不同，外商直接投资进出利比亚与利比亚的经济主要依赖油气资源开发这一特征密切相关，伴随20世纪70年代初卡扎菲政府开始实施的石油产业国有化政策的通常是外商直接投资从利比亚的净流出。而随后，西方国家特别是美国和英国采取的报复性措施又将利比亚的全球外商直接投资流入份额占比推至最低时接近为零的状态。卡扎菲政府在20世纪80年代末90年代初制定和推进的旨在吸引外商投资的经济改革计划也是不成功的。

就在全球跨国并购总额中的占比而言，利比亚的份额占比微小到甚至不值一提。在2006—2007年利比亚与美国和欧盟的外交关系实现正常化之前，该数值仅仅略高于零。

就贸易开放度而言，利比亚只存在是否具有开放性的问题。之所以如此断言，是因为在卡扎菲掌控利比亚的大部分时间里，该国事实上处于某种形式的禁运之中。2011年3月17日，联合国安理会冻结了利比亚的海外资产，直到2011年12月16日联合国实施的制裁才被取消。

过去30多年里，尽管原因不同，政治经济背景各异，但利比亚与突尼斯、埃及一样，在全球政治经济中一直在日渐边缘化。

20世纪50年代末，在利比亚发现了石油。对利比亚人而言，这已经被证明而且仍然将会被证明，既是一种福音，也是一种诅咒。卡扎菲掌权之后，情形尤其如此。一方面，利比亚油田开发聚集的史无前例的财富为卡扎菲的改革提供了基础和可能。另一方面，卡扎菲政府需要控制利比亚的石油产业，为其改革融资。而卡扎菲改革的直接结果是利比亚陷入数十年的孤立之中。这种被孤立反过来导致卡扎菲的失败以及利比亚在全球政治经济中的日渐边缘化。

为了应对外交孤立带来的经济困境，利比亚甚至突然将战略重心从经济国有化转变为自由化，希冀让利比亚对外资更具吸引力，但事与愿违。只是在21世纪初期西方对利比亚的孤立政策一度放松之后，才给利比亚带来了些许投资，这并没有能够安抚利比亚人的不满。

利比亚的国家动荡事实上是“财富分配国家”出现的危机。作为财富分配型国家的利比亚最初支持了卡扎菲的改革，但与西方尤其是美国和英国的长期冲突导致卡扎菲政府用于掌控利比亚人的经济资源逐渐消失。这削弱最终终结了卡扎菲对利比亚的领导地位。反过来，和西方国家的冲突与卡扎菲决定以国有化方式掌控利比亚的石油产业不无关系。

很显然，利比亚的经济命运与其在国际政治经济中被孤立不无关系。而大规模社会动荡结束之后利比亚国内局势的发展，尤其是内战和部落对抗表明，伊德里斯王朝和卡扎菲的国家共同体建构努力事实上归于失败。[①]

---

① F. A. Boyle, *Destroying Libya and World Order*, p. 65.

第十章 中东国家治理困境的缘由

本章在前述分析的基础上，试图在传统国际政治经济学审视全球化这一范式下，系统讨论和分析2010年中东国家开始爆发大规模社会动荡浪潮的原因。所采用的分析工具是跨国主义国际政治经济学方式，亦即定性定义全球化的方式，换言之，就是将全球化定性定义为一种新的现象，主要由以下三个指标为代表：一是外商直接投资空前增长；二是全球某些区域（包括中东地区）的边缘化；三是民族国家对其经济、领土和人口的控制力日趋弱化。[①] 为了应对全球化进程中的负效应，作为一种与全球化进程相并行的现象，区域化无论是在法律、制度层面还是在事实上，都允许世界上的某些地区通过区域层面的重组和新“空间修复”[②] 来限制全球重组的破坏性影响。这里需要指出的是，从跨国主义角度看，全球重组的引擎是技术创新。而这种技术创新不仅驱动着金融活动领域和生产领域的结构转型，[③] 也根本性地改变了社会群体间的经济关系和联盟关系。但是，世界上的边缘化区域在国家层面之上缺少更高层级的治理机制，亦即区域化机制，从而导致边缘化区域里的国家面临社会动荡

---

① J. H. Mittelman, *The Globalization Syndrome: Transformation and Resistance*, p. 25.

② “空间修复”(spatial fix)是指“通过在别处开发新的市场，以新的生产能力和新的资源、社会和劳动可能性来进行空间转移”。

③ P. Dicken, *Global Shift: Reshaping the Global Economic Map in the 21st century* (London: Sage Publications, 2003), p. 9.

和政治不稳定的挑战和威胁。

按照这一理论框架分析，中东地区的状况，尤其是2010年中东国家开始爆发大规模社会动荡浪潮，从根本上说源于中东地区在全球化进程中存在三个悖论：其一，全球化进程中的区域化缺失悖论；其二，全球化进程中的边缘化悖论；其三，全球化进程中的市民社会和资本赋权悖论。下文将对之一一进行系统论述和分析。

一、全球化进程中的区域化缺失悖论

就中东地区而言，生产在地理上的重构，抑或更准确言之，缺乏这种生产上的地理重构，驱使该地区在全球政治经济中日渐边缘化。在全球的某些地区，通过创建出口加工区，实施并购或直接的外商直接投资，从而允许这些区域进入追赶全球核心区域的良性循环之中。[①] 这些地区在全球产业转移和生产再分配中获得了大量的劳动密集型产业，相应地提升了该地区经济体的GDP和就业率，使中产阶层的数量增多、生活水平得到显著改善。[②] 在全球范围内，这种现象并非全部存在，亦非均衡地出现。这种现象仅仅存在于美洲、欧洲和亚洲三大区域，而包括西亚北非地区在内的世界其他发展中区域在全球一体化进程中则日益边缘化。[③]

前述探讨和分析表明，中东地区区域化的缺失是非常明显的。

---

① P. Dicken, *Global Shift: Reshaping the Global Economic Map in the 21st century*, p. 33.

② 当然，在此过程中，亦伴随着收入分配的不平等和社会矛盾的聚集。就这些社会问题而言，可以通过有针对性的社会治理进行有效应对和破解。对之的进一步探讨和分析超出了本章的主题，在此就不再赘述。

③ J. H. Mittelman, *The Globalization Syndrome: Transformation and Resistance*, p. 10.

而且，从跨国主义定性定义全球化的三个指标来看，在这波大规模社会动荡浪潮中出现政权更迭的突尼斯、埃及和利比亚在全球化进程中已经逐渐边缘化的情形更为明显，三国都经历了民族国家经济治理不善引起的合法性危机。本书的前五章从理论角度详细阐述了上述三国社会经济维度的边缘化，尤其强调了这些国家没有融入技术层面的全球化进程，它们欠发达的教育制度、劳工结构和市民社会状况明显反映了这一点。

总而言之，从理论角度看，全球化的如下维度在对中东国家的此次大规模社会动荡爆发原因的探讨和分析中至关重要：其一，全球的一些地区缺乏区域化，最值得注意的是中东地区；其二，世界上日渐边缘化的区域往往是没有融入全球化进程的地区，中东地区颇为典型；其三，边缘化国家往往伴生着各种危机，因而导致社会和族群冲突激化；其四，边缘化国家的中产阶层的生活日渐窘迫。

毋庸置疑，无论在何种理论范式下进行审视，区域化都是一个持续发展的过程。例如，现实主义者在否认全球化现象存在的同时，事实上承认了区域化的某种存在。之所以如此断言，是因为现实主义者有如此明确的表达，亦即全球政治经济正分化为由处于霸权地位的民族国家所主导的欧洲、美洲和亚洲三大经济区域。同样不可否认的是，区域化亦非让全球所有地区、所有国家均等受益其利好的过程。例如，政府间主义者亦认为，最强大国家的利益，特别是它们的经济利益是区域化发展的重要动力。换而言之，一体化并不是一个既定的过程，而是反映了每个地区主导国家的利益。不仅如此，区域并不必然导向趋同，因为它是权力关系的特定表达，亦即最弱国家的利益服从地区霸权国家的利益。

自由制度主义者认为，区域化不但不是与全球化完反相反的进程，反而是全球化必要而有益的补充，这是因为正如现实主义者所强调的，国际社会毫无疑问能够从全球三大经济区的创建与发展中受益。尽管区域化进程与创造真正一体化的全球政治经济并不矛盾，但现有的国际治理体系越来越难以满足全人类的需求以及对公平正义等基本权利的追求。这势必带来对新功能主义的需求，亦即建立一个新的世界主义秩序，以构建一个国际化的政治共同体，一种能够保证国家和民族平等、社会正义的康德式共和国。非西方世界在这方面进行了非常有价值的理论和实践探索。人类命运共同体思想就是这种有益探索中的典型代表。

当然，持有跨国主义思想的学者并不认同制度主义者的乌托邦式信仰，亦即世界将会出现一个超国家的政治共同体。相反，在新自由主义观念中，区域化进程会在超国家层面复制国家和区域层面资本积累的必要条件。这意味着，在全球化进程中区域化的缺失势必导致该地区的日渐边缘化。从此角度看，全球化带来了许多矛盾。在这些矛盾中，与分析中东地区最密切相关的是该区域的日渐边缘化和区域化缺失。负责组织生产、管控领土和人口的民族国家出现的危机加剧了这一矛盾。

前述分析表明，中东是世界上没有真正进入区域化进程的地区之一。不仅如此，本书的理论分析亦表明，从全球化的动力角度来说，不能对中东地区未来的一体化抱有太多的希望，原因在于任何一种主流区域一体化理论所确定的传统一体化机制在该地区既没有产生过，亦未在形成中。

与此同时，随着后殖民时期的阿拉伯世界在变幻莫测的市场环境中为民众提供支持和保护的民族国家出现危机，[1] 全球化进程中的边缘化区域以及缺乏任何区域一体化实践的区域中的市民社会现在

---

① T. Dodge and R. Higgot, *Globalization and the Middle East*, p. 12.

被单独留下并且处于不受任何保护的状态。

二、全球化进程中的边缘化悖论

就全球化进程中的边缘化悖论而言，中东地区没有在追赶引领全球化和世界发展的区域，似乎在全球政治经济中正日渐边缘化。只要我们运用全球外商直接投资水平和份额、跨国并购的数量和价值、出口和贸易开放度等国际政治经济学中有关一体化的通用指标对中东地区进行系统考察和分析，中东地区日益边缘化的图景就会徐徐展现。该地区在日渐边缘化的同时，也没有出现区域一体化，因为在过往的30多年里，即便存在区域内贸易，它也只不过稳定在较低的水平。

在全球政治经济一体化进程中，中东地区事实上呈现出越来越背离这一进程的趋势。不仅如此，中东地区的一体化亦是一个自相矛盾的观念。之所以如此断言，原因在于，较之于世界上其他地区的一体化而言，阿拉伯世界似乎仍然显现着根本性的并且日趋严重的分裂特征，缺乏事实上的区域一体化。而欧洲、美洲和东亚正受益于不断深入的区域一体化。即便是承载着阿拉伯世界内部团结使命的区域内官方援助资金流动，也主要是受地缘政治因素考量，在性质上主要是重新分配，而且在数量上也不及来自美国等区域外国家的官方发展援助。

（一）突尼斯的边缘化悖论

如前文所述，从表面上看，突尼斯的确不太可能首先发生社会动荡浪潮。种种迹象似乎可以证明这一点。不仅国际货币基金组织、世界银行等国际组织和欧盟在各种场合均将突尼斯视为中东地区经济发展奇迹的典型，而且突尼斯的GDP增长纪录、宏观经济稳定性和结构性改革也似乎证实了这一判断。此外，突尼斯在国际货币基金组织指导下，从20世纪80年代末开始推行经济重组计划，在改善其宏观经济指标方面似乎也取得了一定的进展。但真实情况是，突尼斯进一步脱离了全球一体化进程，这为突尼斯潜在的社会动荡埋下了种子。

只要以相关常用指标简单考察一下突尼斯融入全球政治经济的局势，突尼斯从一开始就脱离全球化的过程可谓一目了然。不仅如此，因突尼斯经济逐渐边缘化而生的市民社会不满反过来巩固了在日渐贫困的中产阶层与社会底层之间形成的替代性社会经济集团，亦即在本·阿里政权镇压下设法生存下来的政治伊斯兰力量。

越来越多的突尼斯人准备以非法移民的方式永久逃离自己的祖国，亦进一步证明了突尼斯的边缘化程度。移民现象不仅涉及非熟练劳动力，而且越来越多的高技能劳动力无法在突尼斯就业市场上找到合适的工作。这正是突尼斯社会经济未能有效融入全球化的典型表现。因此，突尼斯的低技能劳动力和日渐增多的高技能劳动力的海外移民活动，已经无法阻挡。这些状况并没有因为此次大规模社会动荡后人们从“威权”政体中获得政治自由而改变。相反，移民潮在此次大规模社会动荡后不受限制地继续，保持了与先前相同的特征。这进一步支持了如下结论，亦即突尼斯人的不满不是政治方面的，而是经济方面的。能够很好证明这一点的是，突尼斯在从本·阿里手中解放出来几个月后，成千上万的年轻突尼斯人抵达意大利海岸，这些移民的社会经济状况、人口结构特征与此次大规模社会动荡前的情形是完全一样的。更有说服力的是，他们与布瓦吉吉的处境是一样的，只是表达不满的方式不同而已。他们决定不像布瓦吉吉的处境那样以“自焚”方式来抗议，而是选择不顾一切、不择手段地离开突尼斯。尽管他们是从独裁者手中解放出来的许多“布瓦吉吉”，但仍然绝望地逃离了故土。

（二）埃及的边缘化悖论

前文已经通过系统的分析表明，埃及正从全球政治经济中日渐边缘化。尽管萨达特政府在1974年推行的改革包含了实施自由化和私有化的政策举措，但在过往30多年里，埃及的外商直接投资存量和流入份额一直在下降。自20世纪80年代以来，埃及融入全球政治经济的其他指标，如企业并购数量或贸易开放度，也没有显现出有任何实质性改善的迹象。

尽管在穆巴拉克执政期间，埃及全面实施了国际货币基金组织和世界银行等国际组织所确定的严格的重组和稳定计划，[①] 但还是发生了社会动荡。个中缘由，简而言之，就是埃及直接从自由化转向了边缘化。埃及个案清楚地表明，采纳新自由主义经济改革并不必然让一个经济体能够很好地融入全球政治经济之中，多数情况下反而适得其反。

在埃及几十年的自由化、私有化和经济结构调整进程中，一个颇值得关注的奇特现象是海外侨汇成为埃及GDP构成中最稳定的收入来源之一。其直接原因是埃及人向发达国家（通常是美国）的移民活动非常稳定，不过，近年来，埃及人向欧洲的移民人数也日渐增多。而这其中，拥有高技能和高技术的埃及人向区域外的永久移民活动尤其值得关注，因为拥有高技能和高技术的埃及人向海外移民的活动足以表明埃及的社会经济正日渐脱离全球政治经济的核心，

---

① R. Roccu, *The Political Economy of the Egyptian Revolution* (London: Palgrave, 2013), p. 14.

日益边缘化。这种态势似乎并没有因为此次大规模社会动荡的发生而出现逆转。

在日益边缘化的情形下，中东国家在支持本国中产阶层应对全球化带来的挑战问题上表现出的束手无策甚至不闻不问引发的不满，助长了抗议浪潮的发生和蔓延。[①]

（三）利比亚的边缘化悖论

就利比亚而言，在某种程度上，形势亦是如此。利比亚的国家危机不仅源于该国无法跟上全球化进程，而且源于该国与西方之间糟糕的外交关系。当然，这种糟糕的外交关系亦与卡扎菲政府决定主导和掌控利比亚的整个石油产业的方式不无关系。

事实表明，石油既带给利比亚人以福祉，亦带给利比亚人以灾难。在卡扎菲掌权之后，情形尤其如此。石油财富可以让卡扎菲进行独特的经济和政治改革实验，驱使其完全控制利比亚的石油产业。卡扎菲政府对西方石油公司实施了国有化。该政策导致利比亚在接下来的几十年与西方的矛盾和冲突不断，陷入孤立境地，最终导致了利比亚在全球政治经济中的边缘化。

后来，为了改变利比亚因为外交孤立引发的经济困局，卡扎菲政府的经济决策出现了从国有化到自由化的转变，目的是设法使利比亚对海外资本更具吸引力。尽管在21世纪初确实有海外投资进入利比亚，但额度非常有限而且尚不足以改善该国的经济状况，因而亦无法改变利比亚人的不满情绪。

不仅如此，卡扎菲在21世纪初被迫接受了国际货币基金组织的干预，实施了一套新自由主义政策，希冀避免利比亚的经济在历经

① N. Ayubi, *Over-stating the Arab State: Politics and Society in the Middle East*, p. 394.

几十年的孤立和制裁之后出现崩溃。

然而，卡扎菲在最后一刻试图挽救经济以及其政治合法性的努力，并没有使其重新有效掌控利比亚。国际货币基金组织所要求的进一步拆解利比亚国家机器的举措加剧了该国民众对卡扎菲政府的敌意，而长期的部落竞争使这一状况进一步恶化。

事实上，大规模社会动荡爆发前夕，利比亚人对卡扎菲政府的敌意是无法缓解和消除的。[①] 它的根源可以追溯到利比亚国家主义角色撤退后中产阶层生活的逐步恶化。[②] 反过来，这种“分配国家”的危机是利比亚被全球政治经济拒之门外之故，也是卡扎菲决定控制利比亚石油经济的方式所致，更是西方不愿失去其在利比亚的利益所致。卡扎菲政府再也不能依赖已被摧毁的、作为奢侈意识形态基础的霸权合法性，[③] 国际货币基金组织随后实施的紧缩开支计划进一步限制了卡扎菲政府控制人民和领土的能力。最终，业已紧张的局势因潜在的部落竞争而恶化。这种竞争无法通过伊德里斯国王和卡扎菲实施的事实上失败的国家共同体建构来解决。[④]

总之，尽管存在不同的政治经济背景，但本文所考察的三个案例（突尼斯、埃及和利比亚）在全球化时代均被全球政治经济边缘化了，这一点是毋庸置疑的。总体来说，中东地区不仅在全球政治经济中日渐边缘化，而且在法律上和事实上严重缺乏区域化实践。

---

① D. Kawczynski, *Seeking Gaddafi: Libya, the West and the Arab Spring*, p. 18.

② N. Ayubi, *Over-stating the Arab State: Politics and Society in the Middle East*, p. 394.

③ D. Vandewalle, *A History of Modern Libya*, p. 189.

④ R. Owen, *State, Power and Politics in the Making of the Modern Middle East*, p. 53.

三、全球化进程中的市民社会和资本赋权悖论

全球化进程对阿拉伯国家尤其是突尼斯、埃及、利比亚三国市民社会和社会资本最有意思的影响之一，就是伊斯兰力量的崛起与激进化。这与前文所述国家主义退却后中产阶层在经济、政治和文化上的边缘化有关。

虽然研究社会资本的相关文献一般将宗教协会视为另一种形式的志愿者协会，[①] 但有证据表明，宗教社会资本，比如，活跃于市民社会中的信仰组织，也发挥着重要的政治和经济作用。[②] 而且，鉴于伊斯兰教“不仅仅是一种信仰，更是一种生活方式”这一鲜明特征，所以在阿拉伯世界，社会资本主要通过基于信仰的社团产生这一特点是独一无二的。

根据葛兰西市民社会思想这一分析范式，就全球化对中东地区特别是中东地区民族国家危机的影响而言，它促使“不满”的中产阶层和“被剥夺”的下层社会形成了新联盟。[③] 这个新联盟就是努力在社会体系中获取特权的新社会经济集团，并且得到了伊斯兰主义的支持。

中东地区的中产阶层群体之所以不满现状，是因为大多数中

---

① R. Putnam, *Bowling Alone: The Collapse and Revival of American Community* (New York: Simon & Schuster, 2000), p. 23.

② J. Harrigan and H. El-Said, *Economic Liberalization, Social Capital and Islamic Welfare Provision*, p. 13.

③ D. Harvey, *The Enigma of Capital and the Crises of Capitalism* (London: Profile Books, 2010), p. 63.

东国家的中产阶层主要是公务员。[①] 在全球化进程中，中东国家新自由主义的政治经济结构调整和重组导致国家主义在社会经济和生活中的退却，让这些国家的中产阶层的境遇每况愈下，他们心生怨恨。[②]

事实上，中东地区新自由主义政策实践的主要受益者是一小撮与专制政权和国际资本关系密切的裙带资本集团，它们与本地中小企业的关系却普遍疏远。本书所涉国家的自由化浪潮是全球化引发的经济结构调整的结果，根本没有将那些与政权没有关联的当地私营中小企业纳入体系之中。[③]

此外，被剥夺权利者是没有财产的、忍饥挨饿的穷人，许多“布瓦吉吉”仍然正以非法的方式移民海外以寻求希望。[④] 国家政权中不满的中产阶层和无依无靠的穷人在经济、政治和文化上都日益被边缘化。因此，正如前文已经强调的，受全球化引发的经济重构影响的主要是中下阶层。这种重构使他们进一步被边缘化，而这又导致包括政治伊斯兰力量在内的社会不满力量发起的抗议活动不断增加。[⑤]

在中东地区，伊斯兰教正稳步而且必然成为那些被政权抛弃的市民社会群体（不满的中产阶层和下层社会）的意识形态参照点。伊斯兰社会组织在这些阶层的社会生活中日渐位居核心地位。国家权力集团的意识形态日渐弱化，已经在市民社会中失去统治地位

---

① N. Ayubi, *Over-stating the Arab State: Politics and Society in the Middle East*, p. 343.

② M. Said, “The Fall and Rise in Wage Inequality in Egypt: New Evidence from the ELMPS, 2006,” ERF Working Paper Series, WP 0708, Economic Research Forum, 2007, p. 6.

③ N. Ayubi, *Over-stating the Arab State: Politics and Society in the Middle East*, pp. 180, 339.

④ J. Clark, *Islam, Charity and Activism*, p. 11.

⑤ N. Ayubi, *Over-stating the Arab State: Politics and Society in the Middle East*, p. 182.

（如果说曾经拥有的话），伊斯兰社会组织在中下层社会生活中日渐位居核心地位和现象更趋复杂化。[①] 所以，自由化影响国家市民社会，促使边缘化阶层建立起一种新社会经济联盟，在共同的意识形态伊斯兰教下团结起来。

总而言之，全球化引发的经济重构，要么限制了国家保护穷人和中产阶层的能力，要么在市民社会中造成深刻的认同危机，在加强政治伊斯兰力量的同时，也削弱了中东地区资源贫乏国家的政权合法性。[②] 需要指出的是，这个进程并非在2010—2011年突然发生。在埃及，几十年来，以信仰为基础的组织凭借构建社会资本以及在阶层内部和阶层之间建立强有力团结网络的能力，使伊斯兰教在市民社会中进行毛细血管式渗透成为可能。[③] 在约旦和也门，正是伊斯兰社会机构在不满的中产阶层和无助的社会底层间建立起横向和纵向的社会团结网络。[④] 这些国家的社会资本培养了一种伊斯兰观，这种伊斯兰观是对现状和更世俗化的社会环境的替代性选择。按照跨国主义的观点，我们确实可以得出如此结论：全球化赋予了市民社会权力。这种赋权以非常独特的方式发生，亦即以取代现存国家和更世俗化的社会愿景的名义，将中产阶层和贫困的社会底层更加紧密地联系在一起。这些日益边缘化的阶层间的联盟在伊斯兰教名义下得以巩固。这就是为什么在2011年埃及解放广场的抗议活动中，虽然穆斯林兄弟会并没有走在活动的最前面，但它还是很快就设法

---

① R. Roccu, *The Political Economy of the Egyptian Revolution*, p. 99.

② J. Harrigan and H. El-Said, *Economic Liberalization, Social Capital and Islamic Welfare Provision* (London: Palgrave, 2009), p. 1.

③ A. Richards and J. Waterbury, *A political Economy of the Middle East*, p. 350.

④ W. Knowles, *Jordan since 1989: A Study in Political Economy* (London: I. B. Tauris, 2005), p. 77.

通过民主手段获得了权力。

按照葛兰西的观点，经济状况对那些具有霸权抱负的社会集团确保其在社会和政治领域的主导地位来说至关重要。有志于实现霸权抱负的群体如果无法保障和维护盟友的经济利益，那么他们对霸权的追求注定将最终失败。人们可以从这个角度理解埃及穆斯林兄弟会为何在短暂掌权后最终被逐出埃及的权力舞台。穆斯林兄弟会主导的埃及新政府在重建经济上显现出明显失败，导致出现新抗议活动以及国家政治经济的重建。

毫无疑问，作为促进中下阶层形成联盟的强有力因素，伊斯兰力量已经牢牢扎根突尼斯的市民社会。与埃及情形不同，突尼斯的本·阿里政权不允许以信仰为基础的组织和社会资本控制国家福利，对之予以残酷镇压。压制而非消除社会中的宗教愿望，增加了社会不满，从而增强了伊斯兰力量对霸权的追求。事实上，埃及和突尼斯的市民社会的演变方式不过是一枚硬币的两面，两国对伊斯兰社会机制和宗教社会资本的发展采取事实上相反的态度，其结果是一样的，都是对既反现状又反更世俗化政治发展的伊斯兰反霸权主张的赋权。

利比亚的情况与突尼斯和埃及的情形仅部分相似。国家政权无法继续保证社会经济的繁荣而导致伊斯兰的激进化以及在社会中的渗透，这是三个案例国家的共同特征。然而，作为产油国的利比亚还有一些需要强调的特殊性。利比亚的国家危机主要是石油收入的分配危机。石油财富最初支撑了卡扎菲的经济实验，但正是与西方特别是美英间的长期冲突限制了卡扎菲政府能够获取的、在全球化进程中用于支持人口的经济资源。反过来，与西方国家的冲突是卡扎菲政府对利比亚石油产业实施国有化的根源所在。这里需要强调的是，利比亚的经济命运是不能脱离石油的国际政治经济学。

第十一章 审视社会动荡原因的恰当路径

尽管一国的政治不稳有一定的规律可循，但我们依然很难精准地预测一国发生社会动荡的可能性和程度，此可谓“国家之诅咒”。在无政府状态的国际体系中，尽管各国均会努力通过稳定自身来求得安全和发展，并会竭力在毗邻的地缘政治空间中最大限度地获取国家稳定的要素，但随着全球化的不断发展，与一国利益紧密相关的这种地缘政治空间也在迅猛拓展。那些在一个世纪甚至一个时代之前我们认为非常偏远、毫无战略利益可言的区域，现在与我们的利益休戚相关了。近年来，中国的区域与国别问题研究的热度与日俱增，重要性日渐凸显，正是对之最好的注脚。

一国境内的社会动荡所带来的消极影响从来都不会仅限于该国的国土空间范围之内，必然首先会“外溢”至相邻的国家和地区。在全球化的背景和作用下，这种动荡还可能会传导至整个世界。不仅如此，一国的动荡还会产生更加深远的影响，这主要体现在以下几个方面：其一，打破该国所在地区既有的安全均势；其二，造成国家乃至区域安全真空的出现，从而为恐怖分子、犯罪集团和好战武装等一系列非国家行为体的乘虚而入留下机会；其三，导致该国乃至该地区难民潮的不断涌现；其四，导致动荡国家和地区的经济趋向崩溃境地。

一、透视社会动荡的三维四路径模式

社会不稳定局势是一国国家安全的天敌，给国家治理、安全、稳定和发展带来了巨大的挑战。有鉴于此，对国别和区域动荡问题进行系统、深入研究、探讨和分析就具有十分重要的理论意义和现实价值。然而，对一国、一个地区不稳定可能的理解和预防既是一项十分艰巨、复杂的任务，也是一项宏大的系统工程。一方面，2010年中东国家开始的大规模社会动荡的根源在中东地区相关国家存续了数十载，然而直到2011年这些因素才最终驱动了大规模社会动荡的爆发。另一方面，此前在这些国家中发生过一些规模很大的社会骚乱和游行示威活动，然而这些社会骚乱和游行示威活动并没有最终演变为2011年这样震惊世人的社会认同崩溃浪潮。可以看到，导致大规模社会动荡爆发的大部分因素已经存续相当长的时间，潜在的触发事件也已经出现。

一些中东问题学者在上述问题上所做的分析和预测出现谬误甚至完全失败，并不是因为忽视了某些因素或者单一事件，只是由于没有注意到这些因素之间的内在联系。例如，有的学者将动荡的原因归纳在一起，然后赋予每一种原因在动荡中所发挥的作用。事实上，这种分析路径没有抓住导致社会动荡的原因间的关联性，因而仍然是一种二维的分析方法和模式。虽然单因果解释非常诱人，但简单堆积原因并不能解释危机最终爆发的临界点。

要想精准识别一个社会的不稳定局势抑或存在动荡的可能性及其驱动因素，可以借助“三维四路径”的分析框架（参见图11.1）。如果混淆了社会状况（社会动荡的根本原因）、催化因素、触发点（导火索）这三个要素，抑或忽视了三要素相互间的作用和影响，未能精准评估国家的危机应对和管控能力，最终会导致对社会危机的理解出现偏差。

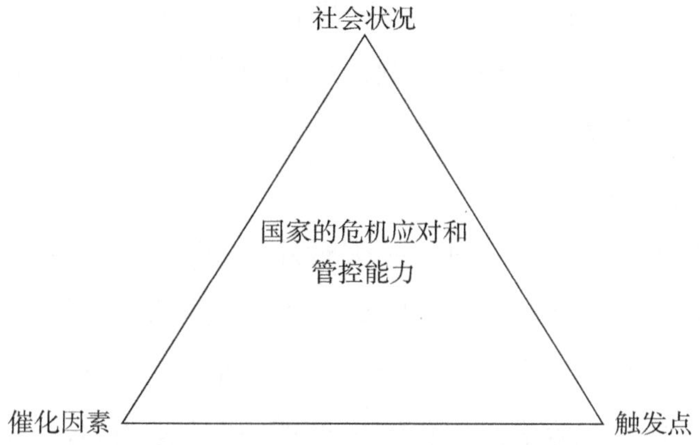

图 11.1 “三维四路径”分析框架结构图

资料来源：作者自制。

1. 社会状况

一个国家的社会状况是这个国家是否趋向不稳定乃至发生社会动荡的基础和潜在根源。社会动荡的根本原因其实都是驱动社会呈现动荡特征的长期动力，它们可能是静止的，也可能会随着时间的推移而发生变化。

就社会动荡的根本原因而言，由于一国的不断发展变化，其可能也是多种多样的，如过往的历史经历、区域民族或宗教认同的政治化、社会分层的固化、人口增长与社会经济发展不同步、城市化率、财富和收入分配不断扩大、在获取教育和就业机会时是否长期保持均等公平、资源稀缺、失业率居高不下等。

需要指出以下两点：其一，社会动荡的根本原因本身的存在并不必然会引起该国的社会动荡。严格来说，世界上所有的国家和地区都会面临导致社会不稳定的潜在局势，但并非所有的国家和地区都会出现社会动荡。此情之下，导致社会不稳定的催化因素就成为促使一个社会潜在的不稳定趋于表面化的决定性因素。其二，导致社会出现动荡和不稳定的条件，亦即社会动荡的根本原因不会是孤立存在的，而且它们会相互影响，从而增强并定向性影响这些原因引发社会动荡的效果。

2. 催化因素

在分析社会动荡风险时，必须对社会动荡的根本原因和催化因素予以区分。催化因素的作用是增加根本原因的负面作用和驱动力。换言之，催化因素是推动一国社会动荡的根本原因发挥作用的促进因素。在本书的语境下，催化因素是指一国社会中不断涌现的动态或趋势，它们附着于前述根本原因之上，加速社会紧张趋势的形成、发展和演变。与相对静态的根本原因相反，催化因素是动态的，会增强业已存在的社会不稳定潜在局势的紧迫感，具体表现形式如日趋恶化的经济形势、对现有社会不满的日渐增多等。在既定情况下，任何显示实质变化的因素均可以成为导致社会动荡的催化因素。

3. 触发点

一个社会的危机局势通过催化因素虽然可以达到潜在的不稳定状态，但这种局势要演变、升级为社会动荡，仍然需要一个“导火索”，亦即使这个社会最终趋向动荡、混乱甚至冲突的偶发一次性事件。这种“导火索”可能是选举、自然灾难、经济休克或领导人死亡等大事件，也可能是2010年中东国家开始的大规模社会动荡中的个人自焚这样具有“高显示度”和强冲击力的事件等。

4. 国家的危机应对和管控能力

除了上述这三个要素之外，国家的危机应对和管控能力的强弱对于社会不稳定因素最终是否会演变为社会动荡来说也至关重要。

根本原因和催化因素的存在本身并不意味着社会动荡一定会爆发，国家的危机应对和管控能力在保持潜在的动荡因素处于可控状态方面发挥着决定性作用。在社会潜在危机转化为现实不稳定态势之前，一国社会管理体系应对危机的能力，或者社会危机爆发后的社会管控能力也是至关重要的因素。

在分析面临动荡的国家所具有的现实脆弱性时，上述四个要素相互作用的分析框架具有较大可取性。在缺少催化因素和“导火索”的情况下，即便一个国家的确存在导致社会动荡的一系列因素，但其最终不会演化为冲突或动荡。

这一分析框架将相互联系的简单原因概念化，通过对原因的进一步解构，可以更好地理解其对社会动荡的不同影响，从而尽早确定潜在的社会挫折感。透彻分析社会状况和催化因素有助于更准确地理解社会的实际局势，评估大规模动荡和骚乱的可能性。虽然作为单个事件的“导火索”是相当难以预测的，但对社会状况和催化因素的可靠分析能够对一个国家面临不稳定时的脆弱性作出确切的评估。

二、准确识别根本原因

前述分析表明，在对一国潜在社会动荡局势进行预测时，如果只是将导致社会动荡的根本因素进行简单罗列，那么无益于进行准确判断和科学预测，亦无法有效拆除社会动荡危机的“引信”，自然无法有效阻止社会动荡的发生。在研究和分析西亚北非地区发生社会动荡的原因时，尤其是对社会动荡的未来走势进行预测的过程中，真正的挑战在于准确定性和识别根本原因与催化因素之间的内在关系，而非仅仅指出社会动荡的根本原因。

国内外绝大多数学者之所以未能准确预测西亚北非地区社会动荡的发生，根本原因在于未能精准地关注、考察和分析该地区相关事实和数据背后潜藏的问题。换言之，他们未能从民众就业率、政府扫盲成绩和适龄青少年儿童入学率等指标上的良好表现这一表象识别出潜藏的民众委屈、愤懑和不满等社会本质。中东地区一系列结构性矛盾和社会特征，诸如城乡二元对立、大学毕业生数量与岗位供给之间的严重失衡、宗教或族群间的财富分配不均等现象十分突出。相关学者多习惯于对类似问题进行探讨和分析，因为相关资料和信息很容易通过各种渠道获取。然而，鲜有学者对这些因素的内在联系与相互影响给予足够重视，对之进行持续的关注、研究。准确认识和分析不同因素的相互作用才是我们研究西亚北非地区社会动荡的真正挑战所在，而不是只注意到一个社会出现动荡的根本因素。

就2010年中东国家开始爆发大规模社会动荡浪潮的原因而言，尽管西方的研究结论将其归因于西亚北非地区民众在民主化和人权问题上的诉求，但真正的驱动因素是该地区的社会经济发展困境。美国皮尤研究中心在2011年初进行的一项民意调查能够很好地证明这一点。在绝大多数（多达74%）西亚北非地区民众眼中，与民主化相关联的是经济的繁荣，而非言论自由或选举。当被问及二者谁更重要时，49%的埃及民众认为经济的发展与繁荣更为重要，而认为民主更为重要的埃及人则只有47%。[①] 虽然这并不能否定人权和民主诉求是民众真心实意的表达，但人权和民主诉求本身并不是中东地区大规模动荡的驱动因素。

---

① Pew Research Center, “Arab Spring Fails to Improve U.S. Image,” http://www.pewglobal. org/2011/05/17/arab-spring-fails-to-improve-us-image/4/#chapter-3-views-of-democracy-and-the-role-of-islam, accessed May 17, 2023.

尽管西亚北非地区动荡的根本原因可能包括政治和法律方面的，但这些因素自身很少能够发展成为导致社会动荡的离心力。对西亚北非六国的考察和分析足以表明这一点。根本因素只有和催化因素结合起来，才能够发展到足以导致社会出现爆炸性动荡。对这二者的甄别和确定仍然是一个巨大的挑战，因为它们处于变化之中。然而，从本质上讲，突变总是蕴藏着中断的潜在可能。我们在分析过程中所面临的挑战是，不仅要注意寻找经济领域的变化，而且要寻找社会、人口乃至教育系统中的变化。2011年西亚北非地区的社会动荡已经证明，对这些催化因素的忽视将会导致严重的误判。

三、精准认知催化因素

只有进行更为深入的探究和分析，才能够在纷繁复杂的社会功能相互作用关系中，尽可能认清具有潜在破坏性的社会因素。同时，只有结合对催化因素的甄别，才能尽可能准确地确定社会动荡的爆发点。

较之于根本因素，导致一个社会出现动荡的催化因素并不特别明显，但催化因素才是最终打乱社会稳定和结构的罪魁祸首。在研究、分析和评估一个社会的稳定性时，应该对催化因素予以特别的关注。对2010年中东国家开始爆发的大规模社会动荡浪潮的深入研究和分析表明，尽管大多数国家出现社会动荡的根本原因大同小异，但导致每一个国家出现社会动荡的催化因素并不相同，亦可谓大不相同。实际上，这一点也解释了问题的关键所在，亦即有些阿拉伯国家虽然也存在类似的潜在社会动荡局势，亦即导致社会动荡的根本原因，但尚未发生大规模的动荡。

催化因素促使潜在社会动荡局势进一步恶化，亦即促使导致社会动荡的根本原因呈现紧迫性。催化因素的早期预警通常表现为社会结构的突变，它们往往是经济、政治或社会性质的。例如，全球粮食价格和原油价格突然出现暴涨和暴跌（按照世界银行的统计分析，原油价格增长10%，相关食品价格指数就会上涨2.7%）对低收入和中等收入国家的冲击远远大于对较为富裕国家的冲击，这一点在阿拉伯世界表现得更加明显。原因在于，阿拉伯世界仍然是世界上最主要的谷物进口方。这种情形与既有的社会愤懑相结合，可以产生巨大的破坏力。

催化因素的潜在发展还表现为大学毕业生数量、城镇化率、人口数量在短时间内的剧增，甚至是气候的极端变化。催化因素的存在时间往往是短期的，一般为1—5年。就此而言，它们不同于导致社会动荡的根本因素，因为根本因素是长期的，会存达数十年之久。催化因素破坏现有的社会结构，导致社会出现变化和不稳定。催化因素的改变不是一种绝对的变化，而是一种相对的变化。这种变化是对稳定的破坏，即便一个政治体系转变为另一个政治体系，即便这种改变通常被认为是“好的”变化，也会引发社会的不稳定。[①]

四、评估国家的危机应对和管控能力

一国政府对本国民众预期的响应效能以及对社会动荡的应对和管控能力仍然是决定该国危机最终走向的重要因素。准确评估一国的危机应对和管控能力，有利于判定各种安全挑战对一国社会稳定的影响。同理言之，在已经出现社会动荡的情况下，对一国安全力

---

① James Raymond Vreeland, “The Effect of Political Regime on Civil War: Unpacking Anocracy,” *Journal of Conflict Resolution* 52, no. 3 (June, 2008): 405.

量应对危机的预期，不能仅仅基于纯粹的假设，否则我们的分析和评估结论就会与真实结果迥然不同。比如，2010年中东国家开始爆发大规模社会动荡时，之前被视为政权支柱的武装力量纷纷转而支持阿拉伯民众的诉求，这让大多数中东问题学者倍感震惊，甚至错愕不已。正如中东国家的这波大规模社会动荡浪潮所展示的，如果一个国家的安全机构与政府间的紧密联系是通过政治方式实现的，那么安全机构一般会坚定支持他们的政府，叙利亚、利比亚和巴林的情形可以支持这一点。

参考文献

一、中文文献

（一）中文著作

1. 习近平:《习近平谈治国理政》（第一卷），外文出版社，2014。
2. 习近平:《习近平谈治国理政》（第二卷），外文出版社，2017。
3. 习近平:《习近平谈治国理政》（第三卷），外文出版社，2020。
4. 白云真、李开盛:《国际关系理论流派概论》，浙江人民出版社，2009。
5. 戴维·赫尔德等:《全球大变革：全球化时代的政治、经济与文化》，杨雪冬等译，社会科学文献出版社，2001。
6. 菲利普·C.内勒:《世界历史文库·北非史》，韩志斌等译，中国大百科全书出版社，2013。
7. 雷钰、苏瑞林:《中东国家通史·埃及卷》，商务印书馆，2003。
8. 李兴刚:《眺望中东：从现实到历史》，云南大学出版社，2015。
9. 陆学艺:《当代中国社会流动》，社会科学文献出版社，2004。
10. 罗伯特·O.基欧汉、门洪华编《局部全球化世界中的自由主义、权力与治理》，门洪华译，北京大学出版社，2004。
11. 罗伯特·基欧汉、约瑟夫·奈:《权力与相互依赖》（第三版），门洪华译，北京大学出版社，2002。
12. 罗伯特·吉尔平:《国际关系政治经济学》，杨宇光等译，上海世纪出版集团、上海人民出版社，2006。
13. 马晓霖主编《阿拉伯剧变：西亚、北非大动荡深层观察》，新华出版社，2012。
14. 米高·恩莱特:《助力中国发展——外商直接投资对中国的影响》，闫雪莲、张朝辉译，中国财经出版社，2017。
15. 彭树智主编《二十世纪中东史》，高等教育出版社，2001。
16. 秦亚青主编《理性与国际合作：自由主义国际关系理论研究》，世界知识出版社，2008。
17. 王铁铮:《中东国家通史·约旦卷》，商务印书馆，2005。
18. 王新刚:《中东国家通史·叙利亚和黎巴嫩卷》，商务印书馆，2003。
19. 王逸舟:《创造性介入：中国外交新取向》，北京大学出版社，2011。
20. 王正毅、张岩贵:《国际政治经济学——理论范式与现实经验研究》，商务印书馆，2003。
21. 乌尔利希·贝克等:《全球政治与全球治理——政治领域的全球化》，张世鹏等编译，中国国际广播出版社，2004。
22. 吴于廑、齐世荣主编《世界史》，高等教育出版社，1994。
23. 约翰·赖特:《利比亚》，陆茵译，上海人民出版社，1974。
24. 中共中央宣传部:《习近平新时代中国特色社会主义思想三十讲》，学习出版社，2018。
25. 钟志成:《中东国家通史·海湾五国卷》，商务印书馆，2007。

（二）中文文章

1. 胡锦涛:《坚定不移沿着中国特色社会主义道路前进，为全面建成小康社会而奋斗——在中国共产党第十八次全国代表大会上的报告》,《人民日报》2012年11月18日。
2. 《军人天职是打仗 军队不能有“副业”》,《解放军报》2016年3月28日，第1版。
3. 陈双庆:《叙利亚动荡政局及其走势》,《国际资料信息》2011年第6期。
4. 费萨尔·雅齐尔:《阿拉伯国家的危机与调整政策》，冯炳昆译，《国际社会科学杂志》(中文版)1990年第2期。
5. 《利比亚冲突转为代理人战争?》,《中国国防报》2019年7月10日，第4版。
6. 《国际反恐进入新阶段》,《人民日报》2016年5月6日，第23版。
7. 《沙特地面部队入境也门以阻止胡塞武装》,《人民日报》2015年9月9日，第21版。
8. 《叙利亚停火协议为和谈造势》,《人民日报》2015年12月27日，第3版。
9. 《“半岛之盾”进入巴林》,《人民日报》2011年3月16日，第22版。
10. 《也门人道主义危机愈演愈烈》,《人民日报》2018年1月8日，第21版。
11. 焦点:《中国原油进口量位居世界首位》,《中国石油石化》2020年第1期。
12. 《也门紧张局势再度升级》,《人民日报》2021年3月17日，第16版。
13. 《中方欢迎利比亚新政府成立》,《人民日报》2012年11月3日，第3版。
14. 《叙利亚加快推进和平重建进程》,《人民日报》2020年6月24日，第16版。

15.《叙土冲突升级引关注》,《人民日报》2020年2月11日，第17版。

16.《利比亚选举法草案出炉》,《解放日报》2012年1月4日，第6版。

17. 李兴刚:《后革命时代的中东：谁是谁的样本，谁又是谁的教训》,《世界知识》2012年第20期。

18. 李兴刚:《以色列哈雷迪犹太人及对以色列的影响研究》,《区域与全球发展》2018年第4期。

19. 林海虹、田文林:《中东转型中的政治伊斯兰运动评析》,《现代国际关系》2013年第8期。

20.《扎伊丹当选过渡政府总理》,《人民日报》2012年10月16日，第19版。

21. 刘宝莱:《塞西连任埃及总统 新任期面临哪三大挑战?》,《北京日报》2018年4月4日，第10版。

22.《沙特发动“决战风暴”行动空袭也门胡塞武装》,《人民日报》2015年3月27日，第21版。

23. 刘中民:《三重矛盾折射中东发展之困》,《环球时报》2020年11月30日，第14版。

24. 卢云:《审思政治伊斯兰：类型、特征与影响》,《文化纵横》2018年第2期。

25. 沈湘平、程光泉主编《京师文化评论》(2019春季号)，中国社会科学出版社，2019。

26.《欧盟深化与地中海国家合作》,《人民日报》2002年5月4日，第4版。

27.《三方对峙困扰突尼斯政局》,《人民日报》2013年8月27日，第21版。

28.《突尼斯安全形势趋向恶化》,《人民日报》2015年3月20日，第21版。
29. 汪继承、高娟:《社会分层与收入流动：中国经验与理论分析》,《理论月刊》2007年第11期。
30.《叙利亚东北部局势牵动各方神经》,《人民日报》2019年10月23日，第17版。
31.《利比亚和平协议签署》,《人民日报》2015年12月19日，第3版。
32.《安理会通过利比亚问题决议》,《人民日报》2011年2月28日，第3版。
33.《安理会通过在利比亚设立禁飞区决议》,《人民日报》2011年3月19日，第3版。
34.《中央军委部署军队和武警部队全面停止有偿服务工作》,《解放军报》2016年3月28日，第1版。
35.《利比亚冲突或成“代理人战争”》,《中国国防报》2020年7月1日，第4版。
36.《全面深化改革　不断畅通社会流动通道》,《人民日报》2017年6月13日，第7版。
37.《英法德领导人要求巴沙尔下台》,《人民日报》2011年8月20日，第3版。
38.《国家统计局：1979—2018年我国经济年均增长9.4%》,《北京青年报》2019年7月1日，第1版。
39.《埃及“最后的法老”走了》,《解放日报》2020年2月26日，第8版。
40. 张超:《巴沙尔时期叙利亚什叶派的增长及对教派关系的影响》,《世界宗教文化》2017年第1期。

41.《约旦政府因未妥善应对叙难民而更迭》,《人民日报》2012年10月12日，第19版。
42. 张燕军:《社会整体转型与二战后的中东军事现代化研究》,《世界经济与政治论坛》2014年第2期。
43.《塞西赢得连任，第二任期挑战更严峻》,《解放日报》2018年4月2日，第4版。
44. 中共中央办公厅、国务院办公厅:《关于加快推进媒体深度融合发展的意见》,《人民日报》2020年9月27日。
45.《任性军事干预害处多多》,《人民日报》2018年4月15日，第3版。
46.《埃及人口总数突破1亿》,《人民日报》2020年2月14日，第16版。
47.《也门人道主义危机持续恶化》,《人民日报》2020年7月16日，第17版。
48.《也门政府军同南方过渡委员会加快和解》,《人民日报》2020年8月4日，第17版。
49.《中东多国积极应对安全挑战　专家呼吁加强国际反恐合作》,《人民日报》2021年3月2日，第17版。
50.《沙特掏千亿美元给国民发红包　用金钱换稳定》,《东方早报》2011年6月10日，第5版。
51. 朱桂昌:《欧盟—地中海伙伴关系：进展与问题》,《国际问题研究》2006年第5期。
52. 朱云汉:《新冠肺炎疫情危机后的世界》,《经济导刊》2020年第5期。

二、英文文献

（一）英文著作

1. A. Abdulkhaleq, *The Silent Revolution: In the Arab Spring and the Gulf States* (Berlin: Gerlach, 2014).
2. A. B. Tabrizi and R. Pantucci (eds.), *Understanding Iran's Role in the Syrian Conflict* (London: RUSI, 2016).
3. A. Bieler and A. D. Morton (eds.), *Social Forces in the Making of the "New Europe"* (London: Palgrave, 2001).
4. A. Cafruny and M. Ryner, *Europe at Bay* (London: Lynne Rienner Publishers, 2007).
5. A. Cafruny and A. Ryner (eds.), *A Ruined Fortress? Neo-liberal Hegemony and the Transformation in Europe* (Lanham MD: Rowman and Littlefield, 2003).
6. A. Jamal, *Barriers to Democracy: The Other Side of Social Capital in Palestine and the Arab World* (Princeton, NJ: Princeton University Press, 2007).
7. A. Junemann (ed.), *Euro-Mediterranean Relations after September 11: International, Regional and Domestic Dynamics* (London: Frank-Cass, 2004).
8. A. Moravcsik, *The Choice for Europe: Social Purpose and State Power from Messina to Maastricht* (London: UCL Press, 1998).
9. A. Richards and J. Waterbury, *A Political Economy of the Middle East* (Boulder, CO: Westview Press, 1998).
10. A. Wiener and T. Diez (eds.), *European Integration Theory* (Oxford:

Oxford University Press, 2009).

11. G. Amin, *Whatever Happened to Egyptians?* (Cairo: The American University in Cairo Press, 2000).

12. Ankie Hoogvelt, *Globalization and the Postcolonial World: The New Political Economy of Development* (London: Palgrave Macmillan, 2001).

13. B. Gosh (ed.), *Managing Migration: Time for a New International Regime* (Oxford: Oxford University Press, 2000).

14. B. Hibou, *The Force of Obedience: The Political Economy of Repression in Tunisia* (Cambridge: Polity Press, 2011).

15. B. Rosamond, *Theories of European Integration* (London: MacMillan, 2000).

16. B. Rutherford, *Egypt after Mubarak: Liberalism, Islam, and Democracy in the Arab World* (Princeton, NJ: Princeton University Press, 2008).

17. C. Çakmak, A. O. Özçelik (eds.), *The World Community and the Arab Spring* (London: Palgrave Macmillan, 2019).

18. Council on Foreign Relations, *New Arab Revolt: What Happened, What It Means, and What Comes Next* (New York: Council on Foreign Relations, 2011).

19. D. Harvey, *The Enigma of Capital and the Crises of Capitalism* (London: Profile Books, 2010).

20. D. Held and A. McGrew, *Globalization/AntiGlobalisation* (Cambridge: Polity Press, 2007).

21. D. Kawczynski, *Seeking Gaddafi: Libya, the West and the Arab Spring* (London: Biteback Publishing Ltd, 2011).

22. D. Held and A. McGrew, *The Global Transformations Reader* (Cambridge: Polity Press, 2000).

23. D. Vandewalle, *A History of Modern Libya* (Cambridge: Cambridge University Press, 2012).

24. P. Dicken, *Global Shift: Reshaping the Global Economic Map in the 21st century* (London: Sage Publications, 2003).

25. E. B. Haas, *The Uniting of Europe: Political, Social and Economic Forces* (Stanford: Stanford University Press, 1968).

26. F. Buelens (ed.), *Globalization and the Nation-State* (Cheltenham, Camberley: Edward Elgar, 1999).

27. F. A. Boyle, *Destroying Libya and World Order* (Atlanta: Clarity Press, 2013).

28. G. Simons, *Libya and the West: From Independence to Lockerbie* (Oxford: Centre for Libyan Studies, 2003).

29. H. Clement Moore and R. Springborg, *Globalization and the Politics of Development in the Middle East* (Cambridge: Cambridge University Press, 2010).

30. H. Hakimian and Z. Moshaver, *The State and Global Change: The Political Economy of Transition in the Middle East and North Africa* (Richmond: Curzon Press, 2001).

31. H. Wallace, M. Pollack and A. R. Young(eds.), *Policy Making in the European Union* (Oxford: Oxford University Press, 2010).

32. H. H. Holm and G. Sørensen, *Whose World Order? Uneven Globalization and the End of the Cold War* (Boulder, CO.: Westview Press, 1995).

33. J. Clark, *Islam, Charity and Activism* (Indiana University Press,

2004).
34. J. Harrigan and H. El-Said, *Economic Liberalization, Social Capital and Islamic Welfare Provision* (London: Palgrave, 2009).
35. J. A. Frieden and D. A. Lake (eds.), *International Political Economy: Perspectives on Global Power and Wealth* (London: Unwin Hyman, 1991).
36. J. F. Bayart, *Global Subjects: A Political Critique of Globalization* (Cambridge: Polity Press, 2007).
37. J. H. Mittelman, *The Globalization Syndrome: Transformation and Resistance* (Princeton: Princeton University Press, 2000).
38. D. Vandewalle, A History of Modern Libya (Cambridge: Cambridge University Press, 2012).
39. J. N. Rosenau, *Along the Domestic-foreign Frontier* (Cambridge: CUP, 1997).
40. K. Ohmae, *The End of the Nation State* (New York: Free Press, 1995).
41. K. Perkins, *A History of Modern Tunisia* (Cambridge: Cambridge University Press, 2004).
42. K.M. Pollack (ed.), *The Arab Awakening* (Washington: The Brookings Institution, 2011).
43. L. Binder (ed.), *Ethnic Conflict and International Politics in the Middle East* (Florida: University Press, 1999).
44. James L. Gelvin, *The Arab Uprisings: What Everyone Needs to Know* (Oxford University Press, 2015).
45. L. Noueihed and A. Warren, *The Battle for the Arab Spring* (New Haven: Yale University Press, 2012).

46. L. Fawcett and Y. Sayigh, *The Third World beyond the Cold War: Continuity and Change* (Oxford: Oxford University Press, 1999).

47. L. S. Talani, A. Clarkson and R. Pacheco-Pardo (eds.), *Dirty Cities: Towards a Political Economy of the Underground in Global Cities* (Basingstoke: Palgrave Macmillan, 2013).

48. L. S. Talani, *European Political Economy: Theories and Issues* (London: Ashgate, 2014).

49. L. S. Talani, *Globalization, Hegemony and the Future of the City of London* (London: Palgrave, 2012).

50. Leila Simona Talani, *The Arab Spring in the Global Political Economy* (Houndsmills, Basingstoke: Palgrave Macmillan, 2014).

51. M. Zahid, *The Muslim Brotherhood and Egypt's Succession Crisis* (London: I. B.Tauris, 2010).

52. Michael Hudson (ed.), *Middle East Dilemma: The Politics and Economics of Arab Integration* (New York: Columbia University Press, 1999).

53. Mohammed Ayoob, *The Many Faces of Political Islam: Religion and Politics in the Muslim World* (An Arbor: The University of Michigan Press, 2008).

54. N. Ayubi, *Over-stating the Arab State: Politics and Society in the Middle East* (London: I. B. Tauris, 2008).

55. N. Choucri, *Migration Processes among Developing Countries: The Middle East* (Cambridge: MIT, 1978).

56. P. Cerny, *Rethinking World Politics: A Theory of Transnational Neo-pluralism* (New York: Oxford University Press, 2010).

57. P. Dicken, *Global Shift: Mapping the Changing Contours of the*

World Economy (New York: Guilford, 2011).

58. P. Hirst, G. Thompson and S. Bromely (eds.), *Globalization in Question: The International Economy and the Possibilities of Governance* (Cambridge: Polity Press, 2009).
59. P. Hirst, G. Thompson and S. Bromely, *Globalization in Question, the International Economy and the Possibilities of Governance* (Cambridge: Polity Press, 2009).
60. Paul Danahar, *The New Middle East: The World after the Arab Spring* (London: Bloomsbury Press, 2015).
61. R. Appleyard (ed.), *Emigration Dynamics in Developing Countries, Volume IV: The Arab Region* (London: Ashgate, 1999).
62. R. Del Sarto, *Contested State Identities and Regional Security in the Euro Mediterranean Area* (New York and Basingstoke: Palgrave Macmillan, 2006).
63. R. Gilpin, *Global Political Economy: Understanding the Global Economic Order* (Princeton and Oxford: Princeton University Press, 2001).
64. R. Owen and S. Pamuk, *A History of Middle East Economies in the 20th Century* (Cambridge: Harvard University Press, 1999).
65. R. Owen, *State, Power and Politics in the Making of the Modern Middle East* (London: Routledge, 2004).
66. R. Putnam, *Bowling Alone: The Collapse and Revival of American Community* (New York: Simon & Schuster, 2000).
67. R. Roccu, *The Political Economy of the Egyptian Revolution* (London: Palgrave, 2013).
68. R. Roy, K. Denzau and T. Willett (eds.), *Neoliberalism: National*

and Regional Experiments with Global Ideas (London: Routledge, 2007).

69. S. Amin, *Beyond US Hegemony? Assessing the Prospects for a Multipolar World* (London: Zed Books, 2006).
70. S. E. Medeiros, *China's International Behavior: Activism, Opportunism, and Diversification* (Palo Alto: RAND Corporation, 2009).
71. S. Panebianco (ed.), *Winds of Democratic Change in the Mediterranean* (Soveria Mannelli: Rubbettino, 2012).
72. S. Sassen, *Losing Control? Sovereignty in the Age of Globalization* (New York: Columbia University Press, 1996).
73. S. Sassen, *Territory, Authority, Rights: From Medieval to Global Assemblages* (Princeton: Princeton University Press, 2006).
74. S. Sassen, *The Global City: New York, London, Tokyo* (Princeton: Princeton University Press, 1991).
75. S. E. Ibrahim, *The New Arab Social Order: A Study of the Social Impact of the Oil Wealth* (Boulder: Westview Press, 1982).
76. T. Dodge and R. Higgot, *Globalization and the Middle East* (London: The Royal Institute of International Affairs, 2002).
77. T. Ramadan, *The Arab Awakening: Islam and the New Middle East* (London: Penguin, 2012).
78. R. Tooze and C. May, *Authority and Markets, Susan Strange's Writings on International Political Economy* (London: Palgrave, 2002).
79. Ulf Laessing, *Understanding Libya since Gaddafi* (London: Hurst & Co. Publishers Ltd., 2020).

80. D. Vandewalle, *Libya since Independence: Oil and State-building* (Ithaca: Cornell University Press, 1998).

81. W. Knowles, *Jordan since 1989: A Study in Political Economy* (London: I. B. Tauris, 2005).

82. William Coleman and Alina Sajed, *Fifty Key Thinkers on Globalization* (London: Routledge, 2013).

83. Y. Sayigh, *The Economies of the Arab World* (London: Biddles, 1978).

84. Y. Shichor, *The Middle East in China's Foreign Policy, 1949–1977* (Cambridge: Cambridge University Press, 1979).

（二）英文文章

1. A. Critchlow, "China's Mideast Headache," *The Wall Street Journal*, March 14, 2011.

2. A. H. Sevilla, "The 'Arab Spring' and South China Sea Tensions: Analyzing China's Drive to Energy Security," *Alternatives Turkish Journal of International Relations* 12, no. 3 (2013).

3. A. Moravcsik, "Preferences and Power in the EC: A Liberal Intergovernmentalist Approach," *Journal of Common Market Studies* 31, no. 4 (1993).

4. A. Moravcsik, "*Negotiating the Single European Act: National Interests and Conventional Statecraft in the European Community*," *International Organization* 45, no. 1 (1991).

5. A. Poulin, "Going Blue: The Transformation of China's Navy," *The Diplomat*, April 15, 2016.

6. A. Zohry, "Egyptian Irregular Migration to Europe," *Migration*

Letters 4, no. 1 (2007).

7. B. Aras and E. Yorulmazlar, "State, Region and Order: Geopolitics of the Arab Spring," *Third World Quarterly* 37, no. 12 (2016).
8. B. McKernan, "Tehran Attacks: ISIS Claims Responsibility for 'First Major Attack on Iran'," *The Independent,* June 7, 2017.
9. B. J. Cohen, "Phoenix Risen: The Resurrection of Global Finance," *World Politics* 48, no. 2 (1996).
10. C. Lin, "ISIS Caliphate Meets China's Silk Road Economic Belt," *Middle East Review of International Affairs* 18, no. 4 (2014).
11. D. Held, "Law of States, Law of Peoples," *Legal Theory* 8, no. 1 (2002).
12. D. Held, "Principles of Cosmopolitan Order," in G. Wallace Brown and D. Held (eds.), *The Cosmopolitanism Reader* (Cambridge: Polity Press, 2010).
13. F. Olanrewaju and S. Joshua, "The Diplomatic Dimensions of the Syrian Conflict," *Jadavpur Journal of International Relations* 19, no. 1 (2015).
14. G. Marks and D. McAdam, "Social Movements and the Changing Structure of Political Opportunity in the European Union," *West European Politics* 19 (1996).
15. H. Diana, "The UfM and Development Prospects in the Mediterranean: Making a Real Difference?" *Mediterranean Politics* 16, no. 1 (2011).
16. H. Verhoeven, "Is Beijing's Non-interference Policy History? How Africa Is Changing China," *The Washington Quarterly* 37, no. 2 (2014).

17. H. L. Kee, A. Nicita and M. Olarreaga, "Estimating Trade Restrictiveness Indices," *Economic Journal* 119, no. 534 (2009).
18. I. Forstenlechner, E. Rutledge and R. S. Alnuaimi, "The UAE, the 'Arab Spring' and Different Types of Dissent," *Middle East Policy* 19, no. 4 (2012).
19. J. G. Ruggie, "Territoriality and Beyond: Problematizing Modernity in International Relations," *International Organization* 47, no. 1 (1993).
20. J. Harrigan, C. Wang and H. Said, "The Economic and Political Determinants of IMF and World Bank Lending in the Middle East and North Africa," *World Development* 34, no. 2 (2005).
21. J. Huysmans, "The European Union and the Securitization of Migration," *Journal of Common Market Studies* 38, no. 5 (2000).
22. J. Moore, "Xinjiang's Uyghur Muslims Receiving 'Terrorist Training' from ISIS Fighters for Attacks in China," *International Business Times*, September 22, 2014.
23. J. Simpson, "Who Are the Winners and Losers from the Arab Spring?" BBC News, November 12, 2014.
24. James Raymond Vreeland, "The Effect of Political Regime on Civil War: Unpacking Anocracy," *Journal of Conflict Resolution* 52, no. 3 (June, 2008).
25. K. E. O. Salih, "The Roots and Causes of the 2011 Arab Uprisings," *Arab Studies Quarterly* 35, no. 2 (Spring, 2013).
26. K. Van der Pijl, "Ruling Classes, Hegemony and the State System," *International Journal of Political Economy* (Fall, 1989).
27. Karim Mezran and Elissa Miller, "Libya: From Intervention to Proxy

War," The Atlantic Council's Issue Brief (August 7, 2017).

28. S. Khyeda, "Foreign Direct Investment in the Middle East: Major Regulatory Restrictions," *Insight Turkey* 9, no. 2 (2007).
29. M. Chaziza and S. O. Goldman, "Revisiting China's Non-interference Policy Towards Intrastate Wars," *The Chinese Journal of International Politics* 7, no. 1 (2014).
30. M. Chaziza, "Comprehensive Strategic Partnership: A New Stage in China-Egypt Relations," *Middle East Review of International Affairs* 20, no. 3 (2016).
31. M. Chaziza, "The Arab Spring: Implications for Chinese Policy," *Middle East Review of International Affairs* 17, no. 2 (2013).
32. M. Chaziza, "China's Middle East Foreign Policy and the Yemen Crisis: Challenges and Implications," *Middle East Review of International Affairs* 19, no. 2 (2015).
33. Marco Lagi, Karla Z. Bertrand and Yaneer Bar-Yam, "Food Crises and Political Instability in North Africa and the Middle East," New England Complex System Institute, September 28, 2011.
34. O. Schlumberger, "Economic Reform, Economic Order, and Development: Patrimonial Capitalism," *Review of International Political Economy* 15, no. 4 (2008).
35. P. Cockburn, "The Arab Spring, Five Years On: A Season that Began in Hope, But Ended in Desolation," *Independent*, January 8, 2016.
36. Q. Xuming, "The Belt and Road Initiatives and China's Middle East Energy Policy," *International Relations and Diplomacy* 4, no. 10 (2016).
37. R. Abouzeid, "Bouazizi: The Man Who Set Himself and Tunisia on

fire," *Times*, January 21, 2011.

38. R. Aliboni, "The Geopolitical Implications of the European Neighborhood Policy," *European Foreign Affairs Review* 10, no. 1 (2005).
39. S. S. Russell, "International Migration and Political Turmoil in the Middle East," *Population and Development Review* 18, no. 4 (1992).
40. S. Degang and H. Z. Yahia, "China's Response to the Revolts in the Arab World: A Case of Pragmatic Diplomacy," *Mediterranean Politics* 19, no. 1 (2014).
41. S. K. Dehghan, "Syrian Army Being Aided by Iranian Forces," *The Guardian*, May 28, 2012.
42. S. U. Zaman, "Rise of the Non-State Actors in Middle East: Regional Dimensions," *IPRI Journal* XV, no. 1 (Winter, 2015).
43. I. J. Seccombe, "International Labor Migration in the Middle East: A Review of Literature and Research, 1974–1984," *International Migration Review* 19, no. 2 (1985).
44. T. Kostakopoulou, "The 'Protective Union': Change and Continuity in Migration Law and Policy in Post-Amsterdam Europe," *Journal of Common Market Studies* 38, no. 3 (2000).
45. V. J. Micallef, "The Arab Spring: Six Years Later," *The Huffington Post*, January 29, 2017.
46. W. Larcher, "Libya's Local Elites and the Politics of Alliance Building," *Mediterranean Politics* 21, no. 1 (2016).
47. Wang Hui, "Safety of Chinese Nationals Overseas in the Spotlight," *China Daily*, November 25, 2015.
48. Y. Shichor, "Fundamentally Unacceptable yet Occasionally

Unavoidable: China's Options on External Interference in the Middle East," *China Repor* 49, no. 1 (2013).